AF534465

GENNARO CONTALDO

Pronto!

Titel der englischen Originalausgabe:
»Gennaro's Fast Cook Italian«
First published in the United Kingdom in 2018 by
Pavilion
43 Great Ormond Street
London WC1N 3HZ

Deutsche Erstausgabe
3. Auflage 2022

www.arsvivendi.com

Deutsche Übersetzung: Manuela Schomann
Lektorat: Denise Maurer
Satz: ars vivendi
Umschlaggestaltung: ars vivendi nach Vorlage der englischen Originalausgabe

ISBN: 978-3-7472-0006-3
Printed in Italy

MIX
Papier aus verantwortungsvollen Quellen
FSC® C023419
FSC
www.fsc.org

Pronto!

GENNARO CONTALDO

ars vivendi

Hauner

INHALT

ITALIENS SCHNELLE KÜCHE

Die schnelle Küche darf man nicht mit ungesundem Fastfood verwechseln, denn eigentlich ist sie das genaue Gegenteil! Nach italienischer Küchenphilosophie werden schlichte Zutaten auf unkomplizierte Weise zubereitet, sodass man im Nu nahrhafte Gerichte auf dem Tisch hat. In Italien kochen wir einige unserer besten Speisen traditionell aus einer Handvoll frischer Zutaten oder mit Lebensmitteln aus der Vorratskammer.

Heutzutage haben auch wir Italiener nicht mehr genügend Zeit, um wie früher allzu aufwendige Gerichte zuzubereiten – die Zeiten, in denen die Frauen zu Hause blieben, um die Pasta selbst herzustellen oder Hülsenfrüchte für Suppe oder Eintopf einzuweichen, sind endgültig vorbei. Verstehen Sie mich nicht falsch: Wie die meisten Italiener koche ich noch immer gerne auf diese Weise, aber eher am Wochenende oder an Festtagen wie Weihnachten und Ostern. Unter der Woche, wenn die Familie in der Arbeit oder der Schule ist, bleibt einfach keine Zeit, um Mahlzeiten so wie unsere Großmütter zuzubereiten.

Italiener kochen meist alles selbst und verwenden saisonale Zutaten von hoher Qualität. Das heißt zwar nicht, dass man schon am Vorabend mit dem Kochen beginnen muss, damit man aber die richtigen Zutaten im Vorratsschrank hat, sollte man schon ein wenig vorausplanen. Pasta oder Risotto beispielsweise sind schnell zubereitet und ergeben eine hervorragende Mahlzeit für alle. Ich habe immer eine Auswahl an Nudeln vorrätig sowie Risottoreis, gutes Olivenöl, Brühe und Tomaten aus der Dose. Dazu Zwiebeln, Karotten, Knoblauch, Pancetta und Parmesan im Kühlschrank. Daraus lassen sich gleich ein paar Gerichte zaubern. Selbst wenn die Regale der Speisekammer ziemlich leer aussehen, kann man immer noch *spaghetti aglio, olio e peperoncino* (Knoblauch, Öl und Chili) zubereiten, ein schnelles Gericht, das die italienischen Youngsters gerne als späten Snack essen, nachdem sie um die Häuser gezogen sind.

Natürlich besteht die italienische Küche nicht nur aus Pasta – es gibt zahllose Fleisch-, Fisch- und Gemüsegerichte, die fix gekocht sind. Fisch, Hähnchen, dünnes Fleisch sowie Eier sind schnell gar und ergeben eine nahrhafte Mahlzeit. In Italien essen wir auch gerne kurz gegartes Gemüse als Hauptspeise. Für unsere Küche benötigt man kaum zusätzliche Aromen, Saucen oder Marinaden, da wir gerne frische Qualitätsprodukte kaufen, die selbst genügend Aroma haben. Denken Sie z. B. an ein

simples Steak: Kaufen Sie ein sehr hochwertiges und bereiten Sie es nur mit ein wenig Salz, Pfeffer und Öl zu. Während das Fleisch gebraten oder gegrillt wird, schneiden Sie ein paar Tomaten und rote Zwiebeln für die Salatbeilage auf. Dann servieren Sie alles mit gutem Brot. Die Zubereitung hat sicher nicht so lange gedauert wie die Anfahrt des Lieferboten, der Ihnen ein Fertiggericht bringt! Außerdem ist Ihr Steak nahrhafter und schmeckt viel köstlicher!

Um Ihnen das Leben zu erleichtern, gibt es heutzutage allerhand Annehmlichkeiten: In gut sortierten Supermärkten finden Sie eine große Auswahl an bereits geschnittenen oder spiralisierten Gemüsesorten sowie gewürfelten Pancetta, geriebenen Käse, Bohnen und andere Hülsenfrüchte in Dosen. Beim italienischen Feinkosthändler sind hochwertige frische Saucen wie Pesto oder Tomatensauce ebenso erhältlich wie eingelegtes Gemüse, das man stets vorrätig haben sollte. Natürlich können Sie auch Ihre eigenen Saucen zubereiten und sie portionsweise einfrieren. Wer Zeit hat, kann z. B. Zwiebeln, Karotten, Sellerie, Zucchini und Knoblauch klein schneiden oder hacken, in einem Behälter im Kühlschrank aufbewahren und sie unter der Woche zum Kochen verwenden. Oder Sie reiben Parmesan und schneiden Pancetta klein, um beides jederzeit zur Hand zu haben. So haben Sie für Ihre Gerichte die frischesten Zutaten und benötigen beim Kochen weniger Zeit zur Vorbereitung. Wenn man zum Wochenbeginn ein wenig vorplant, tut man sich leichter, hat weniger Stress und kann jederzeit gesunde, ausgewogene Mahlzeiten zubereiten.

Auf der folgenden Seite stelle ich Ihnen meine Liste mit den wichtigsten Zutaten für den Vorrats- und Kühlschrank vor, aus denen sich eine Reihe von Gerichten zaubern lässt. Diese Basics ergänzen Sie durch Fisch oder Fleisch und schon haben Sie die Planung erledigt!

Alle Rezepte in diesem Buch wurden sorgfältig ausgewählt und können schnell und mühelos zubereitet werden. Die Rezeptanweisungen sind ganz einfach gehalten, sodass man sie auch mit Grundkenntnissen im Kochen nachvollziehen kann. Obwohl die Rezepte für die Alltagsküche gedacht sind, können die meisten Gerichte auch zu besonderen Gelegenheiten zubereitet werden – warum sollten Sie Stunden in der Küche verbringen, nur weil Sie Gäste erwarten oder ein Festmahl auf den Tisch bringen wollen?

Hoffentlich macht Ihnen das Nachkochen der Rezepte Spaß. Suchen Sie nicht nur nach einem schnellen Gericht, sondern verwenden Sie das Buch als Grundlage für jeden Tag – einfache Rezepte fürs Leben, die man immer und immer wieder zubereiten kann.

Lassen Sie es sich schmecken, viel Spaß beim Kochen und *buon appetito*!

GENNARO

MEINE ITALIENISCHEN GRUNDZUTATEN

Ich habe eine Liste mit Grundzutaten für die italienische Küche zusammengestellt, die Ihnen bei der Planung der Mahlzeiten helfen wird. Ersetzen Sie aufgebrauchte Lebensmittel aus Ihrem Vorrat möglichst schnell.

VORRATSSCHRANK

natives Olivenöl extra für Salatdressings
Oliven- oder Pflanzenöl zum Braten
Sardellenfilets
Kapern
getrocknete Steinpilze
grüne und schwarze Oliven
getrockneter Oregano
Chiliflocken
Semmelbrösel
Walnussbruch
Meersalz und schwarzer Pfeffer aus der Mühle
eingelegtes Gemüse im Glas (gute Qualität) – Auberginen, Zucchini, Paprikaschoten, Artischocken, sonnengetrocknete Tomaten
getrocknete Pasta – eine Auswahl an langen und kurzen Sorten
Gemüsebrühe (Bouillon) – ich habe auch immer Hühner- und Rinderbrühe sowie Fischfond vorrätig, doch Gemüsebrühe eignet sich für die meisten Gerichte
Rot- oder Weißweinessig
Rot- und Weißwein
Pesto
Weizenmehl
Risottoreis und Langkornreis
Instant-Polentagrieß
Bohnen und Hülsenfrüchte aus der Dose – Cannellini-, Borlotti-Bohnen, Kichererbsen, Linsen
stückige Tomaten aus der Dose und Passata (passierte Tomaten)
Grissini
Pane Carasau (waffelartiges sardisches Fladenbrot)

KÜHLSCHRANK

Parmesan
Ricotta
Mascarpone
Mozzarella – frischer Büffelmozzarella für Salate oder Vorspeisen, harter Mozzarella zum Kochen
Pancetta oder Bacon
Prosciutto, z. B. Parmaschinken – wegen seiner langen Haltbarkeit praktisch als schnelles Antipasto oder als Snack
Bio-Eier
Gnocchi von guter Qualität aus dem Feinkostgeschäft

TIEFKÜHLER

Erbsen
Dicke Bohnen
Beeren
Tomatensauce (S. 163)

FRISCHE ZUTATEN

Zwiebeln – weiß und rot
Knoblauch
rote Chilischote
Karotten
Sellerie
Zucchini
Kartoffeln
Salat – Romana-Salatherzen und Salatblättermix
Tomaten
verschiedene Paprikaschoten
Kräuter – Petersilie, Rosmarin, Salbei, Thymian, Minze

SALATE

Früher bestand ein Salat oft aus welken Kopfsalatblättern und geschmacklosen Tomaten. Seitdem hat sich in der Welt der Salate viel getan, selbst die Dressings wurden weiterentwickelt. Heutzutage kombinieren wir interessante Zutaten dazu und servieren sie nicht nur als Beilage, sondern oft sogar als Hauptgericht.

Wir Italiener essen zu den meisten Mahlzeiten einen Salat, ob nun gegrillte Paprika mit Knoblauch, Zucchinischeiben mit Weißweinessig und frischer Minze oder schlicht gemischten Blattsalat der Saison. *Prosciutto crudo* ist wahrscheinlich eine der beliebtesten Zutaten aus Italien: *Prosciutto* steht ganz allgemein für »Schinken«, der entweder *cotto* (gekocht) oder *crudo* (roh oder geräuchert) sein kann. Jedenfalls passt er hervorragend zu Obst, wie z. B. zur Melone. Dies ist eine meiner Lieblingskombinationen, besonders im Sommer, wenn die Cantaloupe-Melone am erfrischendsten schmeckt (Rezept S. 32). Auch Feigen und Pfirsiche esse ich sehr gerne als Salatzutat – vorzugsweise im Sommer, denn frisch geerntet schmecken sie am besten. Herbstfrüchte wie Pflaumen, Äpfel und Birnen lassen sich ebenfalls wunderbar kombinieren.

Italienische Dressings sind meist unkompliziert – »Olivenöl und Essig« oder aber »Olivenöl und Zitronensaft« zählen zu meinen Lieblingen. Sie sollten unbedingt natives Olivenöl extra sowie Weinessig von guter Qualität verwenden und den Salat erst kurz vor dem Servieren anmachen, damit sich die Blätter nicht vollsaugen. Ich bestreue sie meist zuerst mit ein wenig Salz und mache sie dann mit zwei Teilen Olivenöl und einem Teil Essig oder Zitronensaft an.

Die meisten Salate in diesem Buch eignen sich auch als Vorspeise und für Partys oder Grillfeste. Auf leichte und angenehme Weise haben Sie so schon eine der obligatorischen fünf Portionen Obst und Gemüse pro Tag abgehakt. Auf jeden Fall essen Sie eine gesunde, nährstoffreiche Mahlzeit, ob Sie den Salat nun als Beilage oder als Hauptgericht servieren.

INSALATA DI GAMBERI E ASPARAGI

SALAT MIT GARNELEN UND SPARGEL

Dies ist ein schneller, gesunder Salat, den Sie als leichtes Mittagessen oder als Antipasto mit gutem Brot servieren können.

Zubereitungszeit: 12–15 Minuten

Für 4 Personen

250 g Spargelspitzen
2 EL natives Olivenöl extra
1 Knoblauchzehe, fein gehackt
1 EL fein gehackte Petersilie
300 g rohe Riesengarnelen
abgeriebene Schale und Saft von 1 Bio-Zitrone
20 g Butter
Meersalz und schwarzer Pfeffer aus der Mühle

Wasser in einem Topf zum Kochen bringen, die Spargelspitzen zufügen und 3 Minuten köcheln lassen, bis sie gerade gar sind. Abseihen und beiseitestellen.

Inzwischen das Olivenöl bei mittlerer Temperatur in einer Pfanne erhitzen, Knoblauch und Petersilie zugeben und 1 Minute anschwitzen. Die Garnelen zufügen und einige Minuten unter Rühren braten, bis sie gar sind. Zitronenschale und -saft untermengen, vom Herd nehmen und beiseitestellen.

Die Butter in einer anderen Pfanne zerlassen und die Spargelspitzen zugeben. Mit Salz und Pfeffer würzen und 1 Minute unter Rühren sautieren. Vom Herd nehmen, mit den Garnelen auf einem Servierteller anrichten und mit der Bratflüssigkeit übergießen.

INSALATA DI FAGIOLINI

SALAT MIT GRÜNEN BOHNEN

Dieser wunderbar knackige Salat kann warm oder kalt verzehrt und deshalb im Voraus zubereitet werden. Er passt hervorragend zu gegrilltem Fleisch, Fisch oder zu Frittata. Wer ein milderes Dressing möchte, nimmt einfach weniger Senf. Um Zeit zu sparen, kann man bereits geschnittene Bohnen kaufen.

Zubereitungszeit: 10 Minuten

Für 2–4 Personen

180 g grüne Bohnen, geputzt
160 g Zuckerschoten
½ rote Zwiebel oder 1 Schalotte

Für das Dressing:
1 kleine Knoblauchzehe
2 EL natives Olivenöl extra
1 EL Rotweinessig
1 TL Senf
Meersalz (nach Belieben)

Grüne Bohnen in einem großen Topf mit Wasser bedecken und zum Kochen bringen. Die Hitze reduzieren und 6 Minuten köcheln lassen. Dann die Zuckerschoten zufügen und erneut einige Minuten köcheln lassen, bis sie gar sind. Das Gemüse sollte noch etwas knackig sein. Abseihen und beiseitestellen.

Inzwischen die Zwiebel in feine Ringe schneiden.

Für das Dressing den Knoblauch fein hacken und mit Olivenöl, Essig, Senf und etwas Salz vermengen.

Abgeseihtes Gemüse in eine Schüssel geben, Zwiebel zufügen und zum Servieren mit dem Dressing anmachen.

INSALATA DI PATATE

WARMER KARTOFFELSALAT MIT ROTER ZWIEBEL UND MINZE

Italiener würzen ihren Kartoffelsalat meist mit getrocknetem Oregano. Mit der frischen Minze erhält er ein sommerliches Aroma. Wenn man die Zwiebel mariniert, bekommt das Gericht eine leicht säuerliche Note. Falls Sie kein großer Essigfan sind, brauchen Sie ihn nicht noch zusätzlich an den Salat geben. Die Essigmarinade sollten Sie allerdings nicht wegschütten, da sie sich wiederverwenden lässt. Oder Sie marinieren gleich mehrere Zwiebeln, bewahren sie im Kühlschrank auf und aromatisieren damit andere Salate oder Sandwiches.

Zubereitungszeit: 12 Minuten

Für 4 Personen

400 g Babykartoffeln, gewaschen, mit Schale
1 kleine rote Zwiebel
Meersalz und schwarzer Pfeffer aus der Mühle
10 EL Weißweinessig
3 EL natives Olivenöl extra
12 Minzeblätter, grob gehackt, zum Servieren

Kartoffeln in einem großen Topf 10 Minuten gar kochen.

Inzwischen die Zwiebel in feine Ringe schneiden und mit 1 Prise Salz in eine kleine Schüssel geben. Mit dem Essig bedecken.

Kartoffeln und marinierte Zwiebel abseihen, beides in eine Servierschüssel geben und vorsichtig vermengen. Mit Olivenöl beträufeln, mit Salz und Pfeffer würzen und zum Servieren mit den Minzeblättern bestreuen.

INSALATA DI FAVE E CARCIOFI

SALAT MIT DICKEN BOHNEN, ARTISCHOCKEN, RUCOLA UND PARMESAN

Für diesen schnellen, einfachen Salat verwende ich eingelegte Artischocken und TK-Bohnen, die nur kurz gegart werden. Der Salat kann als Vorspeise, als Beilage zu Lammgerichten (S. 122) oder als leichtes Mittagessen mit knusprigem Brot serviert werden.

Zubereitungszeit: 10 Minuten

Für 2–4 Personen

100 g TK-Dicke-Bohnen
20 g Pinienkerne
150 g in Öl eingelegte Artischockenherzen, abgetropft
2 Handvoll Rucola
30 g Parmesan, gehobelt

Für das Dressing:
2 EL natives Olivenöl extra
frisch gepresster Saft von ½ Zitrone
Meersalz (nach Belieben)

Wasser in einem kleinen Topf bei mittlerer Temperatur zum Kochen bringen und die Bohnen für 3 Minuten hineingeben.

Inzwischen eine kleine Pfanne bei mittlerer Temperatur erhitzen und die Pinienkerne 3 Minuten ohne Fett rösten. Vom Herd nehmen und zum Abkühlen beiseitestellen.

Die Bohnen abseihen, zum Abkühlen unter fließendem kalten Wasser abspülen und dann gut abtropfen lassen. Bohnen mit Artischocken, Rucola, Pinienkernen und Parmesanspänen in einer Schüssel vermengen.

Die Zutaten für das Dressing verquirlen, über den Salat gießen, gut vermischen und servieren.

CARPACCIO DI ZUCCHINI

ZUCCHINICARPACCIO MIT PECORINO, MINZE UND GRANATAPFEL

Zucchini sind vielseitig verwendbar. Roh zubereitet ergeben sie eine wunderbare Vorspeise oder einen Beilagensalat. Unbedingt ganz frische Zucchini verwenden und möglichst dünn aufschneiden. Ausgelöste Granatapfelkerne sind in vielen Supermärkten erhältlich. Sie sehen nicht nur toll aus, sondern eignen sich auch als nährstoffreiche Zugabe.

Zubereitungszeit: 15 Minuten

Für 4 Personen

2 Zucchini
4 EL natives Olivenöl extra
2 EL Weißweinessig
1 Knoblauchzehe, sehr fein gehackt
1 EL fein gehackte frische Minzeblätter,
plus einige Blätter zum Garnieren
Meersalz (nach Belieben)
50 g Granatapfelkerne
30 g Pecorino, gehobelt

Die Zucchini mit einem Gemüsehobel der Länge nach in dünne Streifen schneiden und beiseitestellen.

Olivenöl, Weißweinessig, Knoblauch und Minzeblätter vermengen, mit etwas Salz abschmecken und 1 Minute verquirlen, bis die Mischung leicht andickt.

Zucchinistreifen in das Dressing tauchen und auf einem Servierteller anrichten. Den Rest darübergießen, mit den Granatapfelkernen und den Pecorinospänen bestreuen, mit den restlichen Minzeblättern garnieren und servieren.

INSALATA DI RISO VENERE

SALAT MIT SCHWARZEM REIS

Dieser ungewöhnliche Vollkornreis mit seinen wertvollen Inhaltsstoffen wird in Italien immer beliebter. Der ursprünglich aus China stammende schwarze Reis wurde von Herrschern früher wegen seiner nährenden und aphrodisischen Eigenschaften geschätzt, weshalb er den Zusatz *venere* trägt (abgeleitet von Venus). Heute wird er auf den Reisfeldern Norditaliens angebaut. Er eignet sich hervorragend für Salate und ergibt ein köstliches, gesundes Mittagessen. Oder Sie machen eine große Portion und servieren ihn auf der nächsten Party.

Zubereitungszeit: 20–25 Minuten

Für 4 Personen

300 g schwarzer Reis (*riso venere*)
½ rote Paprikaschote, fein gehackt
½ gelbe Paprikaschote, fein gehackt
2 Avocados, fein gehackt
6 Kirschtomaten, geviertelt
200 g Mozzarella oder Feta, klein gewürfelt
ca. 12 Schnittlauchhalme, fein geschnitten
50 g Granatapfelkerne
6 EL natives Olivenöl extra
frisch gepresster Saft von 1 Zitrone
Meersalz (nach Belieben)

Den Reis mit der doppelten Menge kaltem Wasser (ca. 700 ml) in einen Topf geben. Bei mittlerer Temperatur zum Kochen bringen, dann die Hitze reduzieren und 15–17 Minuten leicht köcheln lassen, bis er *al dente* ist.

Den Reis abseihen, unter fließendem kalten Wasser abspülen und gut abtropfen lassen. Mit Gemüse, Mozzarella, Schnittlauch und Granatapfelkernen in eine Servierschüssel geben. Olivenöl und Zitronensaft darüberträufeln, mit Salz abschmecken und gut vermengen.

INSALATA DI CECI

KICHERERBSENSALAT MIT OLIVEN, AMALFI-ZITRONE UND MINZE

Dieser schlichte Salat kann als Antipasto oder als Hauptgericht mit Brot serviert werden, passt aber auch perfekt als Party-Salat. Die Oliven sollten von guter Qualität sein. Falls Sie keine Amalfi-Zitrone finden, nehmen Sie einfach die beste und wohlschmeckendste Bio-Zitrone, die Sie bekommen können.

Zubereitungszeit: 10 Minuten

Für 2–4 Personen

1 große Amalfi-Zitrone
1 Dose Kichererbsen (400 g), abgetropft
¼ Rosmarinzweig
¼ Thymianzweig
200 g gemischte grüne und schwarze entkernte Oliven (am besten Kalamata und Gaeta)
1 kleine Handvoll frische Minzeblätter, grob zerpflückt
¼ frische rote Chilischote, fein gehackt
2 EL natives Olivenöl extra
Meersalz (nach Belieben)

Zitrone halbieren. Eine Hälfte auspressen und den Saft beiseitestellen. Die andere in dünne Scheiben schneiden und diese dann vierteln.

Zusammen mit Kichererbsen, Rosmarin, Thymian, Oliven, Minzeblättern und Chili in einer Servierschüssel vermengen. Olivenöl und Zitronensaft darüberträufeln und mit Salz abschmecken. Gut vermischen und servieren.

INSALATA DI PISELLI FRESCHI E BURRATA

ERBSEN-BURRATA-SALAT MIT SONNENBLUMENKERN-CROSTINI

Ein wunderbarer Frühlingssalat mit frischen Erbsen. Wenn's schnell gehen muss, einfach bereits gepalte Erbsen kaufen. Burrata ist ein Frischkäse aus Apulien, der zwar wie Mozzarella aussieht, aber einen sahnigen Kern hat. Erhältlich ist er in guten italienischen Feinkostläden oder Sie nehmen stattdessen Büffelmozzarella (*mozzarella di bufala*). Dieses Gericht ist eine köstliche Vorspeise oder mit Crostini ein schönes leichtes Mittagessen.

Zubereitungszeit: 15 Minuten

Für 4 Personen

175 g frische Erbsen, mit Hülse gewogen
85 g Brunnenkresse
Blätter von 2 Romana-Salatherzen
250 g Burrata oder Büffelmozzarella

Für die Crostini:
50 g Sonnenblumenkerne
1 Handvoll frische Basilikumblätter
1 EL natives Olivenöl extra
1 Prise Meersalz
1 Prise Chiliflocken
4 Scheiben knuspriges Saatenvollkornbrot, getoastet

Für das Dressing:
2 EL natives Olivenöl extra
1 EL frisch gepresster Zitronensaft
Meersalz und schwarzer Pfeffer aus der Mühle

Wasser in einem Topf zum Kochen bringen, die Erbsen zugeben und 2 Minuten kochen, bis sie gar, aber noch knackig sind. Abseihen, unter fließendem kalten Wasser abspülen und gut abtropfen lassen.

Inzwischen für die Crostini Sonnenblumenkerne, Basilikumblätter und Olivenöl im Mixer zu einer glatten Paste verarbeiten. Salz und Chiliflocken hinzugeben. Das Brot toasten, mit der Sonnenblumenkernpaste bestreichen und beiseitestellen.

Die Zutaten für das Dressing vermengen.

Brunnenkresse und Salatblätter auf einem großen Servierteller anrichten, mit den Erbsen bestreuen und der Hälfte des Dressings übergießen. Burrata zerpflücken und darauf verteilen. Mit dem restlichen Dressing beträufeln und den Crostini als Beilage servieren.

INSALATA DI POMODORI MISTI

TOMATENSALAT MIT OREGANO

Während meiner Kindheit in Süditalien kam im Sommer oft solch ein Tomatensalat auf den Tisch. Tomaten wurden fast immer mit einheimischem getrockneten Oregano und frischem Basilikum serviert. Diesen ganz schlicht mit gutem Olivenöl und Salz angemachten Salat esse ich im Sommer gerne jeden Tag. Dazu gibt es *fresella* (zweifach gebackene Brötchen). *Cipolotti* sind große Frühlingszwiebeln, die manchmal auf dem Markt erhältlich sind. Ansonsten nimmt man einfach normale Frühlingszwiebeln.

Zubereitungszeit: 5 Minuten

Für 2–4 Personen

500 g gemischte Tomaten von guter Qualität (rot, gelb, orange)
1 Cipolotto oder 2 große Frühlingszwiebeln, in feine Ringe geschnitten
1 Knoblauchzehe, sehr fein gehackt
1 Prise getrockneter Oregano
½ Handvoll Basilikumblätter
3 EL natives Olivenöl extra
Meersalz (nach Belieben)

Tomaten in Scheiben schneiden und auf einem Servierteller anrichten. Cipolotto, Knoblauch, Oregano und Basilikum darauf verteilen. Mit Olivenöl beträufeln und mit Salz abschmecken. Gut vermengen und servieren.

INSALATA DI LENTICCHIE

LINSENSALAT

Dieser Salat lässt sich mit Linsen aus der Dose zubereiten, auch wenn ich lieber getrocknete verwende, deren Zubereitung teils nur 20 Minuten dauert. *Giardiniera* ist ein eingelegtes, gemischtes Gemüse, das beim italienischen Feinkosthändler im Glas verkauft wird. Die knackige Konsistenz und die leichte Essigschärfe passen bestens zu den Linsen. Sie sollten unbedingt hochwertige feste Tomaten kaufen oder stattdessen einfach mehr *giardiniera* verwenden. Mit kräftigem Brot ergibt dies eine köstliche, gesunde Mahlzeit, die man warm oder kalt verzehren kann. Ideal zum Mitnehmen oder für ein Picknick.

Zubereitungszeit: 25 Minuten

Für 4 Personen

200 g braune oder grüne Linsen mit kurzer Garzeit
1 Knoblauchzehe, zerdrückt
3 Thymianzweige, plus Blättchen von 2 Zweigen
200 g *giardiniera* (eingelegtes italienisches Mischgemüse)
8 Datteltomaten
5 EL natives Olivenöl extra
Meersalz und schwarzer Pfeffer aus der Mühle

Die Linsen in einen mit kaltem Wasser gefüllten Topf mit schwerem Boden geben. Die Knoblauchzehe und die 3 Thymianzweige zufügen. Zum Kochen bringen und 20 Minuten bei mittlerer Temperatur köcheln lassen, bis sie gar sind (nach Packungsanweisung richten).

Inzwischen das *giardiniera*-Gemüse abseihen und die Tomaten in Scheiben schneiden.

Die Linsen ebenfalls abseihen und etwas abkühlen lassen, Knoblauch und Thymian entsorgen. Dann zusammen mit *giardiniera* und Tomaten in eine Servierschale geben. Olivenöl und Thymianblättchen zufügen, mit Salz und Pfeffer würzen und gut vermengen.

INSALATA DI SPECK CROCCANTE, MELA VERDE E NOCI

SALAT MIT KNUSPRIGEM SÜDTIROLER SPECK, GRÜNEM APFEL UND WALNÜSSEN

Der leicht salzige Speck mit knackigen Walnüssen und frischen süßsauren Äpfeln ergibt eine schöne Vorspeise oder ein leichtes Mittagessen. Die aufgeschnittenen Äpfel sollte man sofort in Zitronenwasser legen, damit sie nicht braun werden.

Zubereitungszeit: 20 Minuten

Für 4 Personen

2 säuerliche grüne Äpfel, z. B. Granny Smith
frisch gepresster Saft von 1 Zitrone
1 großes Romana-Salatherz
100 g Südtiroler Speck
4 EL natives Olivenöl extra
Meersalz und schwarzer Pfeffer aus der Mühle
50 g Walnüsse, grob gehackt
35 g Parmesan, gehobelt

Äpfel waschen, entkernen, halbieren und in dünne Scheiben schneiden. In eine Schüssel mit gesäuertem Wasser legen (Wasser mit der Hälfte des Zitronensafts) und beiseitestellen.

Salatherz in grobe Streifen schneiden und auf einem Servierteller anrichten.

Speck in dünne Streifen schneiden. 1 EL Olivenöl in einer Pfanne bei mittlerer Temperatur erhitzen, den Speck zugeben und unter Rühren knusprig braten. Nicht anbrennen lassen. Herausnehmen und auf Küchenpapier legen.

Reste von Olivenöl und Zitronensaft in einer großen Schüssel vermengen, mit Salz und Pfeffer würzen und mit einer Gabel verquirlen. Die Apfelstücke gut abtropfen lassen, mit Küchenpapier trocken tupfen, zum Dressing geben und vorsichtig untermengen.

Apfelscheiben auf den Salatblättern verteilen. Das restliche Dressing darüberträufeln, mit Walnüssen und Speck bestreuen und den Parmesanspänen krönen.

PROSCIUTTO E MELONE

PROSCIUTTO MIT CANTALOUPE-MELONE

Zubereitungszeit: 10 Minuten

Für 4 Personen

1 große Cantaloupe-Melone
1 Handvoll Rucolablätter
1 EL natives Olivenöl extra
1½ TL Aceto balsamico
Meersalz (nach Belieben)
8 Scheiben Parmaschinken (ca. 125 g)
8 Grissini

Die Melone halbieren und entkernen. In Achtel oder Stücke zerteilen und beiseitestellen.

Rucola mit Olivenöl und Aceto balsamico vermengen und mit Salz abschmecken.

Die Schinkenscheiben um die Grissini wickeln.

Rucola und Melone mit den Grissini auf einer Servierplatte anrichten.

BRUSCHETTE CON PESCHE E PROSCIUTTO

BRUSCHETTA MIT PFIRSICH UND PARMASCHINKEN

Zubereitungszeit: 12 Minuten

Für 4 Personen

100 ml Weißwein
2 TL Zucker
8 frische Minzeblätter
2 Pfirsiche, entkernt und geviertelt
4 Scheiben Pugliese- oder Sauerteigbrot
(oder ein anderes Bauernbrot)
natives Olivenöl extra, zum Beträufeln
4 Scheiben Parmaschinken

Weißwein, Zucker und 4 Minzeblätter bei niedriger bis mittlerer Temperatur in einem kleinen Topf erhitzen. 5 Minuten leicht köcheln lassen, bis die Flüssigkeit zur Hälfte reduziert ist.

Inzwischen eine (Grill-)Pfanne bei niedriger bis mittlerer Temperatur erhitzen und die Pfirsiche 5 Minuten leicht anbraten. Dabei wenden, sodass sie rundum etwas anbräunen.

Die Brotscheiben toasten, mit etwas Olivenöl beträufeln und mit den Pfirsichvierteln und Schinkenscheiben belegen. Die Weinsauce darübergeben und mit den restlichen Minzeblättern garnieren.

MELE E PERE ARROSTO CON PROSCIUTTO

PROSCIUTTO MIT GEBRATENEN ÄPFELN UND BIRNEN

Zubereitungszeit: 25–30 Minuten (inkl. Vorbereitung)

Für 4 Personen

4 kleine Äpfel (ca. 300 g)
2 große Birnen, Sorte Conference (ca. 400 g)
2 Rosmarinzweige
6 Salbeiblätter
Meersalz und schwarzer Pfeffer aus der Mühle
natives Olivenöl extra
frisch gepresster Saft von 1 kleinen Zitrone
20 g rohe Pistazien
8 Scheiben Parmaschinken (ca. 125 g)

Den Backofen auf 200 °C (Umluft)/220 °C (Ober- und Unterhitze) vorheizen.

Das Obst waschen. Die Äpfel entkernen und in relativ dicke Ringe schneiden. Die Birnen der Länge nach vierteln und das Kerngehäuse entfernen. Beides in eine Auflaufform geben, mit Kräutern und etwas Salz und Pfeffer bestreuen. Mit Olivenöl und Zitronensaft beträufeln und 15–20 Minuten backen, bis sie gar und goldfarben sind (aber nicht zerfallen).

Inzwischen die Pistazien auf einem Backblech 5 Minuten im Backofen oder in einer Pfanne bei mittlerer Temperatur 3 Minuten ohne Fett rösten. Zum Abkühlen beiseitestellen. Dann zwischen Daumen und Fingern reiben, um die Haut abzulösen.

Das Obst auf einem Servierteller anrichten, mit dem Parmaschinken und den Pistazien garnieren und servieren.

SUSINE E FICHI AL FORNO CON PROSCIUTTO

KARAMELLISIERTE PFLAUMEN UND FEIGEN MIT PROSCIUTTO

Zubereitungszeit: 20 Minuten (inkl. Vorbereitung)

Für 4–6 Personen

4–6 große Feigen (ca. 240 g)
4 große Pflaumen (ca. 500 g)
Blättchen von 4 Thymianzweigen
2 EL brauner Vollrohrzucker
2 EL natives Olivenöl extra,
plus etwas mehr zum Beträufeln
frisch gepresster Saft von ½ Zitrone
Meersalz und schwarzer Pfeffer aus der Mühle
120 g Blattsalatmix
25 g Walnüsse, grob gehackt
8–12 Scheiben Prosciutto

Den Backofen auf 210 °C (Umluft)/230 °C (Ober- und Unterhitze) vorheizen.

Das Obst waschen und abtrocknen. Die Feigen halbieren, die Pflaumen entkernen und vierteln. Beide Früchte in eine feuerfeste Form geben, mit Thymianblättchen und Zucker bestreuen und 10 Minuten backen. Herausnehmen und 5 Minuten abkühlen lassen.

Inzwischen Olivenöl und Zitronensaft vermengen, mit Salz und Pfeffer würzen und die Salatblätter mit dem Dressing anmachen. Auf einer großen Servierplatte verteilen und mit dem warmen, karamellisierten Obst krönen. Mit Walnüssen und Prosciutto-Scheiben garnieren und vor dem Servieren noch mit etwas Olivenöl beträufeln.

SUPPEN

Suppen sind einfach und schnell in der Zubereitung, sodass man im Nu eine nahrhafte und sättigende Mahlzeit hat. Außerdem sind sie ungemein wandlungsfähig: Je nach Geschmack und Art kann man sie pur, mit Gemüsestückchen oder anderen Zutaten servieren oder sie pürieren, sodass sie schön cremig werden. Sie lassen sich im Voraus zubereiten und zur Verwendung langsam erwärmen. Oder Sie frieren sie portionsweise ein: Da Suppen so schnell zubereitet sind, lohnt es sich oft, etwas mehr für den Tiefkühler zu kochen, sodass Sie an hektischen Tagen oder wenn die Speisekammer mal leer ist, immer eine gesunde Mahlzeit zur Hand haben.

Selbstgekochte Suppe ist so nahrhaft und befriedigend – ich muss dabei immer an meine Kindheit denken, als wir im Winter oft Dicke-Bohnen-Suppe aßen. Wir bereiteten sie mit getrockneten Hülsenfrüchten zu, die wir immer im Vorratsschrank hatten. Doch man musste sie über Nacht einweichen und lange Zeit kochen. Heutzutage haben wir glücklicherweise eine große Auswahl an Bohnen und Hülsenfrüchten aus der Dose. Sogar Gemüse kann man schon geschnitten kaufen. Aus diesen bereits vorbereiteten Zutaten zaubern Sie ganz fix köstliche Suppen.

In Italien wird die Suppe normalerweise als *primo* (Vorspeise) statt Pasta serviert. Je nach Tageszeit kann eine sättigende Bohnen-Pasta-Suppe aber auch als Mittagessen oder eine leichte Brühe als Abendessen auf den Tisch kommen. Ich wünsche Ihnen viel Vergnügen bei der Zubereitung der supereinfachen Suppen aus diesem Buch, die sowohl als Vorspeise als auch als Hauptgericht geeignet sind.

MINESTRONE VELOCE

SCHNELLE MINESTRONE

Viele Vitamine in einer Schüssel – diese Gemüsesuppe steckt voller Nährstoffe! Die klassisch italienische Minestrone habe ich durch Borlotti-Bohnen und *pastina* (kleine Pastaform) abgewandelt. Man muss letztere aber nicht verwenden. Ebenso können Sie jede Gemüsesorte, die Sie nicht mögen oder nicht vorrätig haben, weglassen oder durch eine andere ersetzen. Die meisten Sorten kann man inzwischen gewaschen und kleingeschnitten kaufen. Wer noch ein wenig mehr Aroma möchte, gibt obenauf einen Klecks Pesto (S. 164).

Zubereitungszeit: 35 Minuten (ohne Vorbereitung des Gemüses)

Für 4–6 Personen

4 EL natives Olivenöl extra
1 große Zwiebel, fein gehackt
2 Stangen Staudensellerie, fein geschnitten
2 Karotten, geschält und fein gewürfelt
1 kleine Fenchelknolle, fein gehackt
1 Zucchini, in kleine Stücke geschnitten
1 große Kartoffel, geschält und in kleine Stücke geschnitten
280 g Wirsing, zerpflückt
6 Kirschtomaten
1 Handvoll frische Basilikumblätter
1,5 l Gemüsebrühe
1 Dose Borlotti-Bohnen (400 g), abgetropft
50 g TK-Erbsen
75 g kleine Pastasternchen (*pastina*)
Meersalz und schwarzer Pfeffer aus der Mühle
geriebener Parmesan zum Servieren
Pesto (S. 164) zum Servieren (nach Belieben)

Das Olivenöl bei mittlerer bis hoher Temperatur in einem großen Topf mit schwerem Boden erhitzen. Zwiebel und Sellerie zugeben und einige Minuten anschwitzen. Karotten, Fenchel, Zucchini, Kartoffel, Wirsing, Tomaten und Basilikum zufügen und gut vermengen. Die Brühe hineingießen, zum Kochen bringen, dann die Hitze reduzieren und 20 Minuten garen. Borlotti-Bohnen, Erbsen und Pasta zugeben und weitere 6–8 Minuten kochen, bis die *pastina* gar ist (nach Packungsanweisung richten).

Vom Herd nehmen und mit Salz und Pfeffer würzen. Mit geriebenem Parmesan und nach Belieben mit einem Klecks Pesto servieren.

ZUPPA PICANTE DI CECI E BIETOLE

PIKANTE KICHERERBSENSUPPE MIT MANGOLD

Dies ist eine meiner Lieblingssuppen – ich liebe Kichererbsen und finde Chili einfach himmlisch! Sie verleiht den Hülsenfrüchten und dem Mangold ein besonderes Aroma. Ich verwende hier eine ganze rote Chilischote, aber die Menge lässt sich variieren. Oder Sie lassen sie gleich ganz weg, falls jemand mitisst, der keine Schärfe mag. Alle anderen können dann ihre Portion nach dem Servieren mit Chiliflocken verfeinern. Ist kein Mangold erhältlich, nehmen Sie Spinat, den Sie allerdings erst 5 Minuten vor dem Ende der Kochzeit zugeben. Mit getoastetem Brot serviert ergibt dies eine köstliche, wärmende Mahlzeit.

Zubereitungszeit: 25 Minuten (ohne Vorbereitung des Gemüses)

Für 2 Personen als Hauptgericht oder für 4 Personen als Vorspeise

1 EL natives Olivenöl extra
1 Schalotte, fein gehackt
½ Stange Staudensellerie, fein geschnitten
1 Knoblauchzehe, fein gehackt
1 frische rote Chilischote, fein gehackt
180 g Mangold, Stängel und Blätter fein gehackt
200 g stückige Tomaten aus der Dose
1 Dose Kichererbsen (400 g), abgetropft
400 ml heiße Gemüsebrühe

Zum Servieren:
2–4 Scheiben Bauernbrot, wie z. B. Pugliese
oder Sauerteigbrot
1 ganze Knoblauchzehe, geschält
natives Olivenöl extra, zum Beträufeln

Das Olivenöl bei mittlerer bis hoher Temperatur in einem Topf mit schwerem Boden erhitzen. Schalotte, Sellerie, Knoblauch und Chili zufügen und einige Minuten anschwitzen. Den Mangold zugeben, vermengen und 1 weitere Minute sautieren. Tomaten, Kichererbsen und Gemüsebrühe einrühren und zum Kochen bringen. Dann auf mittlere Hitze reduzieren, einen Deckel auflegen und 20 Minuten köcheln lassen.

Gegen Ende der Garzeit die Brotscheiben grillen oder toasten, die geröstete Fläche mit der Knoblauchzehe einreiben und mit etwas Olivenöl beträufeln.

Die Suppe auf Schüsseln verteilen, etwas Olivenöl hineintröpfeln und mit dem getoasteten Knoblauchbrot servieren.

ZUPPA DI FAGIOLI CANNELLINI CON PROSCIUTTO E SPINACI

CANNELLINI-BOHNEN-SUPPE MIT PARMASCHINKEN, SPINAT UND PARMESANRINDE

Das delikate Aroma der Lorbeerblätter und der leicht salzige Geschmack des Parmaschinkens bilden bei dieser Gute-Laune-Suppe, die ganz fix zubereitet ist, ein harmonisches Ganzes. Sie können sie als komplette Mahlzeit mit gutem Brot oder als köstliche Vorspeise servieren. Ich habe die Suppe nicht gesalzen, da Prosciutto und Brühe bereits die nötige Würze haben – dennoch besser probieren und, falls nötig, nachwürzen. Grob gehackte Parmesanrinde wird in Italien oft zur Suppe gegeben und verleiht ihr zusätzlich Geschmack. Wer will, peppt das Ganze vor dem Servieren mit ein paar Chiliflocken auf.

Zubereitungszeit: 30 Minuten

Für 2 Personen als Hauptgericht oder für 4 Personen als Vorspeise

2 EL natives Olivenöl extra
60 g Parmaschinken, fein geschnitten
1 Stange Lauch, fein geschnitten
1 kleine Karotte, fein gewürfelt
2 Lorbeerblätter
700 ml heiße Gemüsebrühe
20 g Parmesanrinde, grob gehackt
1 Dose Cannellini-Bohnen (400 g)
120 g Spinatblätter
schwarzer Pfeffer aus der Mühle
Parmesan zum Servieren (nach Belieben), frisch gerieben

Das Olivenöl bei hoher Temperatur in einem großen Topf mit schwerem Boden erhitzen. Den Parmaschinken zugeben und unter Rühren einige Minuten braten, bis er fast knusprig ist. Lauch, Karotte und Lorbeerblätter zufügen, auf mittlere Hitze reduzieren und 4 Minuten anschwitzen. Die Brühe und die Parmesanrinde hineingeben und zum Kochen bringen. Dann die Hitze reduzieren, einen Deckel auflegen und unter gelegentlichem Rühren weitere 15 Minuten kochen. Cannellini-Bohnen und Spinat zufügen, mit ein wenig schwarzem Pfeffer würzen und nochmals 5 Minuten garen.

Nach Belieben vor dem Servieren mit ein wenig geriebenem Parmesan bestreuen.

ZUPPA DI FAVE AL TIMO CON PANCETTA

DICKE-BOHNEN-SUPPE MIT KNUSPRIGEM PANCETTA UND THYMIANAROMA

Eine wunderbar cremige Suppe aus tiefgekühlten Dicken Bohnen. Das leicht rauchige Aroma des Pancetta macht sich schnell bemerkbar und die knusprig gebratenen Stückchen sorgen für etwas Biss. Diese Suppe passt immer gut, eignet sich aber besonders als Vorspeise für Gäste.

Zubereitungszeit: 25–30 Minuten

Für 4 Personen

20 g Butter
1 EL natives Olivenöl extra,
plus etwas mehr zum Braten
150 g geräucherter Pancetta, fein gewürfelt
1 Zwiebel, fein gehackt
1 Stange Staudensellerie, fein gehackt
1 Knoblauchzehe, fein gehackt
1 Handvoll Thymianblättchen,
plus einige mehr zum Garnieren
350 g TK-Dicke-Bohnen
1 große Kartoffel (ca. 200 g), klein gewürfelt
1 l Gemüsebrühe

Butter und Olivenöl bei mittlerer bis hoher Temperatur in einem großen Topf mit schwerem Boden erhitzen. Ein Drittel des Pancetta, aber ganze Zwiebel, Sellerie, Knoblauch und Thymian zugeben und 5 Minuten anschwitzen. Dicke Bohnen und Kartoffel zufügen und vermengen, dann die Brühe hineingießen und zum Kochen bringen. Die Hitze reduzieren, einen Deckel auflegen und 10–12 Minuten köcheln lassen, bis Bohnen und Kartoffel gar sind. Vom Herd nehmen und etwas abkühlen lassen.

Inzwischen 1 Spritzer Olivenöl bei mittlerer Temperatur in einer kleinen Pfanne erhitzen. Den restlichen Pancetta zufügen und unter Rühren braten, bis er schön knusprig ist. Dann beiseitestellen.

Die Suppe im Mixer fein pürieren (evtl. in 2 Portionen aufteilen). Wieder in den Topf gießen und, falls nötig, erneut erhitzen. Auf Schüsseln verteilen, mit dem gerösteten Pancetta bestreuen und zum Servieren mit Thymianblättchen garnieren.

ZUPPA DI FUNGHI

PILZSUPPE

Diese Suppe verströmt Wildpilzaroma, ohne preislich abgehoben zu sein! Die eingeweichten getrockneten Steinpilze werden mit Gemüse kombiniert und mit Champignons und Pancetta verfeinert. Wer will, kann auch gemischte Wildpilze der Saison verwenden. Für Vegetarier lässt man einfach den Speck weg. Getrocknete Steinpilze sind beim italienischen Feinkosthändler und in größeren Supermärkten erhältlich.

Zubereitungszeit: 25 Minuten (inkl. Vorbereitung des Gemüses)

Für 4 Personen

30 g getrocknete Steinpilze (*porcini*)
4 EL natives Olivenöl extra,
plus etwas mehr zum Beträufeln
1 große Zwiebel, fein gehackt
1 Stange Staudensellerie, fein gehackt
1 große Karotte, fein gewürfelt
Nadeln von 2 Rosmarinzweigen
2 Knoblauchzehen, fein gehackt
750 ml Gemüsebrühe
20 g Butter
50 g Pancetta, gewürfelt
180 g frische Champignons,
in Scheiben geschnitten
Meersalz (nach Belieben)

Die getrockneten *porcini* in einer Schüssel mit warmem Wasser bedecken und einweichen. Inzwischen das Gemüse zubereiten.

3 EL Olivenöl bei mittlerer Temperatur in einem großen Topf erhitzen. Zwiebel, Sellerie, Karotte, die Hälfte des Rosmarins und des Knoblauchs zugeben und 3 Minuten anschwitzen. Die *porcini* abseihen (das Einweichwasser aufbewahren), grob hacken, in den Topf geben und weitere 2 Minuten sautieren. Das Einweichwasser und die Gemüsebrühe zufügen und 8 Minuten köcheln lassen.

Inzwischen Butter und 1 EL Olivenöl bei mittlerer Temperatur in einer Pfanne erhitzen. Pancetta, restlichen Rosmarin und Knoblauch zufügen und 1 Minute anschwitzen. Die Champignons hineingeben, leicht salzen und 5–6 Minuten sautieren, bis sie rundum angebräunt sind.

Gemüse und Brühe im Mixer fein pürieren. Auf 4 Schüsseln verteilen, die Champignon-Pancetta-Mischung daraufgeben und mit etwas Olivenöl beträufeln und servieren.

ZUPPA ALLA ZUCCA E PATATA DOLCE

KÜRBIS-SÜSSKARTOFFEL-SUPPE MIT KNOBLAUCH UND ROSMARIN

Dies ist meine Suppe der Wahl für Herbst und Winter, wenn Kürbisse Saison haben. Sie können ganz nach Belieben Butternut-, Hokkaidokürbis oder eine andere Sorte verwenden. Ich nehme gerne zusätzlich noch Süßkartoffeln, da sie sehr nährstoffreich sind. Rosmarin und Chili passen zwar wunderbar dazu, Sie sollten dabei aber lieber Ihren eigenen Vorstellungen folgen (auch wenn ich gerne noch mehr würze, sodass die Suppe richtig schön scharf wird!). Wenn ich diese Suppe für meine Familie zubereite, lasse ich die Chilischote beim Kochen manchmal weg und würze meine Portion einfach mit Chiliflocken.

Die Suppe ist wirklich schnell gemacht: Es dauert nur ein wenig, bis man den Kürbis, falls nötig, geschält und kleingeschnitten hat. Sie können dies auch im Voraus tun und die Stücke im Kühlschrank aufbewahren. Oder Sie kaufen gleich fertig vorbereiteten Kürbis und Süßkartoffeln im Supermarkt.

Zubereitungszeit: 25–30 Minuten (ohne Vorbereitung des Gemüses)

Für 4–6 Personen

2 EL natives Olivenöl extra,
plus etwas mehr zum Beträufeln
3 Knoblauchzehen, fein gehackt
1 Zwiebel, fein gehackt
Nadeln von 2 Rosmarinzweigen
½ frische rote Chilischote (nach Belieben)
800 g Kürbis, geschält und in Stücke
geschnitten (nach Vorbereitung gewogen)
200 g Süßkartoffel, geschält und in Stücke
geschnitten (nach Vorbereitung gewogen)
1,2 l heiße Gemüsebrühe

Das Olivenöl bei mittlerer Temperatur in einem großen Topf mit schwerem Boden erhitzen. Knoblauch, Zwiebel, Rosmarin und Chili zugeben und 4 Minuten anschwitzen. Kürbis und Süßkartoffel zufügen und vermengen, dann die Hitze erhöhen und die heiße Brühe zugießen. Zum Kochen bringen, dann die Temperatur reduzieren und 12–15 Minuten köcheln, bis das Gemüse weich und gar ist. Vom Herd nehmen und etwas abkühlen lassen.

Die Suppe im Mixer fein pürieren (evtl. in 2 Portionen aufteilen). Wieder in den Topf gießen und, falls nötig, erneut erhitzen. Auf Schüsseln verteilen, mit etwas Olivenöl beträufeln und servieren.

CREMA DI FAGIOLI CON PESTO DI OLIVE

CREMIGE SCHWARZAUGENBOHNEN-SUPPE MIT OLIVENPESTO

Diese herrlich cremige Suppe schmeckt durch das knackige Olivenpesto noch besser. Sie sollten unbedingt grüne Oliven von guter Qualität kaufen, z. B. die Sorten Gaeta oder Nocellara, die es allerdings nicht ohne Kern im Handel gibt. Während die Suppe kocht, können Sie sie jedoch leicht selbst entkernen. Die Suppe ist in kürzester Zeit fertig und kann wunderbar als Vorspeise für Gäste oder zu anderen Gelegenheiten serviert werden.

Zubereitungszeit: 25 Minuten (ohne Vorbereitung des Gemüses)

Für 2–4 Personen

2 EL natives Olivenöl extra
1 Schalotte, fein gehackt
½ Stange Lauch, fein geschnitten
1 Knoblauchzehe, fein gehackt
1 kleine Karotte, fein gewürfelt
½ kleine Fenchelknolle, fein gehackt
Blättchen von 1 Thymianzweig
1 Dose Schwarzaugenbohnen (400 g), abgetropft
600 ml Gemüsebrühe
Meersalz und schwarzer Pfeffer aus der Mühle

Für das Pesto:
125 g entkernte grüne Oliven
1 Handvoll Petersilie
1 Knoblauchzehe
1 TL Kapern
2 EL natives Olivenöl extra

Das Olivenöl bei mittlerer Temperatur in einem großen Topf mit schwerem Boden erhitzen. Schalotte, Lauch, Knoblauch, Karotte, Fenchel und Thymian zufügen und 4 Minuten anschwitzen. Die Bohnen zugeben, vermengen und 1 Minute braten, bis sich das Aroma entfaltet. Die Brühe zugießen, die Hitze erhöhen und zum Kochen bringen. Dann die Temperatur reduzieren, einen Deckel auflegen und 15 Minuten kochen. Mit Salz und Pfeffer abschmecken. Vom Herd nehmen und etwas abkühlen lassen.

Inzwischen alle Zutaten für das Pesto im Mixer grob pürieren, sodass es noch etwas Biss hat. Dann beiseitestellen.

Die Suppe im Mixer fein pürieren (evtl. in 2 Portionen aufteilen). Wieder in den Topf gießen und, falls nötig, erneut erhitzen. Auf Schüsseln verteilen, mit einem guten Klecks Olivenpesto krönen und servieren.

ZUPPA DI PESCE VELOCE

SCHNELLE FISCHSUPPE

Eine Suppe für Fischliebhaber, die nicht stundenlang Meeresfrüchte putzen möchten! Nehmen Sie küchenfertige Riesengarnelen und bitten Sie Ihren Fischhändler darum, den Tintenfisch und den Kabeljau in Stücke zu schneiden. Sie können sogar das Gemüse kleingeschnitten kaufen! Dieses köstliche Gericht aus in Tomatensauce gekochten Meeresfrüchten ergibt mit getoastetem Brot ein wunderbares Hauptgericht.

Zubereitungszeit: 20 Minuten (ohne Vorbereitung des Gemüses)

Für 4 Personen

4 EL natives Olivenöl extra,
plus etwas mehr zum Beträufeln
3 Schalotten, sehr fein gehackt
2 Stangen Staudensellerie, sehr fein gehackt
2 kleine Karotten, geschält und
sehr fein gewürfelt
½ frische rote Chilischote, fein gehackt
2 Lorbeerblätter
10 rohe Riesengarnelen
200 g Calamari (Tintenfischtuben),
in Ringe geschnitten
200 g Kabeljau, in kleine Stücke geschnitten
100 ml Weißwein
600 g Tomatenpassata
Meersalz (nach Belieben)
1 Handvoll frische Petersilie, fein gehackt
Bauernbrotscheiben, getoastet, zum Servieren

Das Olivenöl bei mittlerer Temperatur in einem mittelgroßen Topf mit schwerem Boden erhitzen. Gemüse, Chili und Lorbeerblätter hineingeben und 2 Minuten anschwitzen. Garnelen und Calamari untermengen und weitere 3 Minuten sautieren. Den Kabeljau zufügen und 1 Minute mitbraten. Den Weißwein zugießen, die Hitze erhöhen und den Wein reduzieren lassen. Die Kabeljaustücke vorsichtig herausnehmen und beiseitestellen. Die Tomatenpassata und 100 ml Wasser zugeben, mit Salz abschmecken, die Temperatur auf eine niedrigere Stufe stellen, einen Deckel auflegen und 10 Minuten kochen.

Den Kabeljau wieder in den Topf geben und abschließend erneut 1 Minute erhitzen. Vom Herd nehmen, mit der Petersilie bestreuen und mit etwas Olivenöl beträufeln. Mit dem getoasteten Brot als Beilage servieren.

PASTA

Ich glaube ich kenne niemanden, der keine Pasta mag. Wir Italiener essen sie Tag für Tag – ohne Pasta würde so manchem etwas fehlen!

Sie ist gesund, nahrhaft, vielseitig und außerdem im Nu gekocht. Sogar die Saucen sind unkompliziert und ebenso fix zubereitet: Die meisten in diesem Buch kann man zusammenrühren, während die Pasta kocht. Sie können Saucen auch auf Vorrat zubereiten und tiefkühlen. Besonders die klassische Tomatensauce sollte man gleich in größeren Mengen vorbereiten und portionsweise einfrieren. Unter der Woche, wenn die Zeit wirklich knapp ist, können Sie sich entspannt zurücklehnen, weil Sie bereits eine hausgemachte Mahlzeit vorrätig haben.

Italiener nehmen ihre Pasta sehr ernst und bestehen darauf, dass man manche Formen auch nur mit bestimmten Saucen kombinieren darf. Lange Pasta wie *spaghetti* oder *linguine* wird meist mit leichten Tomaten- oder Fischsaucen vereint. Kurze Sorten wie *penne* oder *farfalle* passen hervorragend zu kräftigeren Fleischsaucen. Aus diesem Grund haben Italiener immer eine große Auswahl an Pastaformen im Vorratsschrank – wenn ich meine Schwester in Italien besuche, bin ich immer verblüfft, wie viele Päckchen sie hat. Und dabei lebt sie alleine!

Ich habe sowohl lange als auch kurze Sorten im Schrank und auch ein paar kleinere Formen für die Suppe. *Spaghetti* sind ein Muss, weil sich daraus so schnell eine Mahlzeit zaubern lässt, sogar bei einem leeren Kühlschrank. Mit einer simplen Sauce aus *aglio, olio e peperoncino* (Knoblauch, Olivenöl und Chili) haben Sie schon eine schnelle Mahlzeit. Meine Tochter Olivia hat es gerne etwas milder und liebt *spaghetti* mit zerlassener Butter und Parmesan. Als sie noch ein Kleinkind war, konnte man damit nichts falsch machen. Jetzt ist sie ein Teenager und bereitet sie sich oft schon selbst zu.

Pasta tut einfach gut! Als ideale Quelle für Kohlenhydrate liefert sie nur langsam Energie. Sie ist zudem leicht verdaulich und fettfrei, weshalb sie sich für eine kalorienarme Diät eignet (natürlich darf man dabei nicht übersehen, was man alles in die Sauce mischt!). Auf jeden Fall bringen Sie so eine gute, nahrhafte Mahlzeit auf den Tisch – und das oft schon nach ein paar Minuten.

MAFALDA CORTA CON SPINACI E MASCARPONE

CREMIGE PASTA MIT MASCARPONE UND SPINAT

Für dieses schnelle Gericht verwende ich die kurze Pasta *mafalda corta*, die Sie durch *farfalle* oder *fusilli* ersetzen können. Die erst zum Schluss zugefügte Zitronenzeste verleiht dem Gericht ein herrlich frisches Aroma.

Zubereitungszeit: 12–15 Minuten

Für 4 Personen

Meersalz
320 g Pasta *mafalda corta*
20 g Butter
1 Knoblauchzehe, leicht zerdrückt
150 g Babyspinat
175 g Mascarpone
20 g geriebener Parmesan
schwarzer Pfeffer aus der Mühle,
plus etwas mehr zum Servieren
Abrieb von 1 kleinen Bio-Zitrone
zum Servieren

Wasser mit Salz in einem großen Topf zum Kochen bringen und die Pasta 8–10 Minuten *al dente* kochen (nach Packungsanweisung richten).

Inzwischen die Butter bei mittlerer Temperatur in einer großen Pfanne zerlassen, den Knoblauch zugeben und 1 Minute braten, bis sich das Aroma entfaltet. Den Spinat zufügen und vermengen, einen Deckel auflegen und einige Minuten dünsten, bis er zusammenfällt. Den Knoblauch entsorgen.

Mascarpone und Parmesan in eine Schüssel füllen, mit Salz und Pfeffer abschmecken und zu einer cremigen Paste verrühren. Zum Spinat geben und vorsichtig durcherhitzen.

Die Pasta abseihen und dabei etwas Kochwasser auffangen. Zur cremigen Spinatsauce geben, gut vermengen und, falls nötig, ein wenig Nudelwasser einarbeiten. Vom Herd nehmen, mit schwarzem Pfeffer aus der Mühle und Zitronenabrieb garnieren und dann servieren.

BUCATINI ALLA GRICIA

BUCATINI MIT SCHWEINEBÄCKCHEN UND PECORINO

Mit den verwandten Saucen *carbonara*, *amatriciana* und *cacio e pepe* bildet dieses schnelle Gericht die Basis der römischen Küche. Anstelle von Pancetta verwendet man typisch römisches *guanciale* und statt Parmesan Pecorino. *Guanciale* besteht aus geräucherten Schweinebäckchen – sie haben ein intensives Aroma und kommen besonders in der traditionell kräftigen Küche Roms zum Einsatz. Erhältlich sind sie in guten italienischen Feinkostläden. Man kann als Ersatz aber auch hochwertigen Pancetta nehmen.

Zubereitungszeit: 15 Minuten

Für 4 Personen

Meersalz
320 g Pasta *bucatini*
200 g *guanciale* oder Pancetta
2 EL natives Olivenöl extra
schwarzer Pfeffer aus der Mühle
60 g Pecorino, gerieben

Wasser mit Salz in einem großen Topf zum Kochen bringen und die Pasta *al dente* kochen (nach Packungsanweisung richten).

Inzwischen den *guanciale* in kleine Würfel oder dünne Streifen schneiden. Das Olivenöl bei mittlerer Temperatur in einer Pfanne erhitzen, den Speck zugeben und unter Rühren einige Minuten sautieren, bis er goldbraun ist (nicht anbrennen lassen!). Mit reichlich schwarzem Pfeffer würzen, 1 Schöpflöffel Pasta-Kochwasser zugeben und weiterbraten. Wenn die Nudeln fertig sind, abseihen (etwas Kochwasser auffangen) und zur Sauce geben. Gut vermengen, dann den Pecorino und, falls nötig, ein wenig Wasser zufügen und unterrühren.

Mit schwarzem Pfeffer abschmecken und sofort servieren.

FARFALLE CON ASPARAGI E FUNGHI CON PANCETTA

FARFALLE MIT SPARGEL, CHAMPIGNONS UND KNUSPRIGEM PANCETTA

Dieses sättigende und köstliche Pastagericht ergibt eine ordentliche Hauptmahlzeit. Für Vegetarier lässt man einfach den knusprigen Pancetta weg. Wenn es schnell gehen soll, kaufen Sie kleingeschnittene grüne Bohnen, Spargelspitzen und Pilze in Scheiben.

Zubereitungszeit: 20 Minuten

Für 4 Personen

240 g grüne Bohnen, geputzt
200 g Spargelspitzen
Meersalz
400 g Pasta *farfalle*
120 g Pancetta- oder Baconscheiben
4 EL natives Olivenöl extra,
plus etwas mehr zum Beträufeln
2 große Schalotten, fein gehackt
100 g Champignons,
in feine Scheiben geschnitten
Meersalz und schwarzer Pfeffer aus der Mühle

Die Grillfunktion des Backofens auf höchster Stufe vorheizen. Grüne Bohnen und Spargel 5 Minuten in einem Topf mit kochendem Wasser garen, bis sie weich sind. Abseihen und beiseitestellen.

Wasser mit Salz in einem großen Topf zum Kochen bringen und die *farfalle* 10–12 Minuten *al dente* kochen (nach Packungsanweisung richten).

Inzwischen den Pancetta im Backofen von beiden Seiten jeweils 2–3 Minuten grillen, bis er knusprig ist. Dann beiseitestellen.

Das Olivenöl bei mittlerer Temperatur in einer großen Pfanne erhitzen, die Schalotten zufügen und einige Minuten anschwitzen. Die Champignons zugeben und unter Rühren etwa 1 Minute braten. Grüne Bohnen und Spargel hineingeben, mit Salz und Pfeffer würzen, einige Esslöffel Pasta-Kochwasser einrühren und 2–3 Minuten kochen.

Die Pasta abseihen und dabei etwas Wasser auffangen. Zum Gemüse in die Pfanne geben, die Temperatur auf die höchste Stufe stellen und alles gut vermengen. Falls die Sauce zu dickflüssig ist, etwas Nudelwasser zugeben.

Mit knusprigem Pancetta und etwas schwarzem Pfeffer garnieren. Mit Olivenöl beträufelt servieren.

PENNE INTEGRALI CON BROCCOLI E PATATA DOLCE

VOLLKORN-PENNE MIT BROKKOLI UND SÜSSKARTOFFEL

Pasta mit Brokkoli ist in Italien recht beliebt. Meist wird das Gericht mit Knoblauch und Chili gewürzt. Bei diesem Rezept habe ich den Brokkoli püriert und mit kleinen Süßkartoffelstückchen verfeinert, sodass die Sauce nährstoffreicher und farbenfroher wird. Diese gesunde Kombination passt hervorragend zu Vollkornpasta. Oder man ersetzt diese Nudelvariante durch normale Penne aus Hartweizenmehl.

Zubereitungszeit: 20 Minuten (ohne Vorbereitung des Gemüses)

Für 4 Personen

Meersalz
320 g Vollkorn-Penne
400 g Brokkoliröschen
250 g Süßkartoffel, geschält und gewürfelt
3 EL natives Olivenöl extra, plus 1 Spritzer
2 Knoblauchzehen, fein gehackt
½ frische rote Chilischote, fein gehackt
60 g geriebener Parmesan, plus etwas mehr zum Bestreuen (nach Belieben)

Wasser mit Salz in einem großen Topf zum Kochen bringen. Pasta, Brokkoli und Süßkartoffel 4–5 Minuten kochen, bis der Brokkoli weich ist. Diesen dann mit einem Schaumlöffel herausheben, in ein Sieb geben und zum Abtropfen beiseitestellen. Pasta und Süßkartoffel 8–10 Minuten (nach Packungsanweisung richten) weiterkochen, bis die Nudeln *al dente* sind.

Inzwischen das Olivenöl bei mittlerer Temperatur in einer großen Pfanne erhitzen, Knoblauch und Chili zufügen und 30 Sekunden anschwitzen. Den Brokkoli zugeben und 1 Minute unter Rühren braten.

Vom Herd nehmen und die Brokkolimischung in den Mixer füllen. 1 Spritzer Olivenöl und den Parmesan hinzufügen, fein pürieren und wieder in die Pfanne geben.

Pasta und Süßkartoffel abseihen, dabei etwas Kochwasser auffangen, beides zur Brokkolimasse geben, gut vermengen und durcherhitzen. Falls nötig, noch etwas Wasser unterrühren.

Nach Belieben mit Parmesan bestreuen und dann servieren.

LA PASTA AL PESCE DI MICHAEL

MICHAELS FISCHPASTA

Dieses Rezept stammt von meinem ältesten Sohn Michael – er kocht häufig solch schnelle Gerichte. Als ich ihm von diesem Buch erzählte, war er sehr begeistert: Er ist immer auf der Suche nach nahrhaften Speisen, die er für sich und seinen Partner Sebastian zubereiten kann, wenn sie nach einem langen Arbeitstag nach Hause kommen. Mit einem Salat als Beilage ergibt dieses Rezept eine komplette Mahlzeit.

Zubereitungszeit: 20 Minuten

Für 2 Personen als Hauptgericht

Meersalz
3 EL natives Olivenöl extra
1 große Knoblauchzehe, fein gehackt
½ frische rote Chilischote, fein gehackt
3 Sardellenfilets
1 TL in Salz eingelegte Kapern, abgespült
1 Dose Eiertomaten (400 g), abgetropft,
  1 EL Saft beiseitestellen
1 Handvoll frische Petersilie, grob gehackt
150 g Kabeljau mit Haut,
  in Fischstäbchenform geschnitten
200 g Pasta *linguine*

Wasser mit Salz in einem großen Topf zum Kochen bringen.

Das Olivenöl bei mittlerer Temperatur in einer großen, tiefen Pfanne erhitzen. Knoblauch, Chili und Sardellen zufügen und 1 Minute anschwitzen, bis die Filets zerfallen. Kapern, Tomaten, 1 Viertel der Petersilie und etwas Salz zugeben und vermengen. Die Hitze erhöhen und 2 Minuten braten. Die Kabeljaustücke mit der Haut nach unten hineinlegen, auf mittlere Hitze reduzieren, 1 weiteres Viertel der Petersilie einstreuen, einen Deckel auflegen und 10 Minuten sautieren. Den Fisch herausnehmen und beiseitestellen.

Sobald das Wasser für die Pasta kocht, die *linguine* zufügen und *al dente* kochen (nach Packungsanweisung richten). Abseihen und dabei etwas Kochwasser auffangen.

Die Pasta zur Tomatensauce geben und vermengen. Ein wenig Nudelwasser zugießen, bis alles gut vermischt ist. Vom Herd nehmen, die restliche Petersilie unterrühren, mit den Kabeljaustücken krönen und servieren.

CAVATELLI CON SALSICCIA, FUNGHI E POMODORI SECCHI

CAVATELLI MIT SALSICCIA, CHAMPIGNONS UND SONNENGETROCKNETEN TOMATEN

Für dieses Rezept sollten Sie nur allerbeste *salsiccia* vom Feinkosthändler kaufen, ob mit Fenchel- oder Knoblaucharoma. Auch die Qualität der sonnengetrockneten Tomaten sollte stimmen. Am besten nehmen Sie eine Sorte, die nicht in Öl eingelegt ist. Ansonsten sollten sie auf jeden Fall gut abgetropft sein und mit Küchenpapier trocken getupft werden. *Cavatelli* ist eine kleine, hohle Pastasorte aus Süditalien, die aus Hartweizengrieß und Wasser hergestellt wird. Dieses köstliche aromatische Gericht, das an das ländliche Italien erinnert, ergibt eine komplette Mahlzeit.

Zubereitungszeit: 15 Minuten (ohne Vorbereitung)

Für 4 Personen

Meersalz
320 g Pasta *cavatelli*
4 EL natives Olivenöl extra
1 Knoblauchzehe, fein gehackt
3 Thymianzweige
4 sonnengetrocknete Tomaten, fein gehackt
350 g italienische Schweinswurst (*salsiccia*), gehäutet und zerbröckelt
100 ml Weißwein
350 g Champignons, in feine Scheiben geschnitten
40 g Parmesan, gehobelt, zum Servieren

Wasser mit Salz in einem großen Topf zum Kochen bringen und die Pasta *al dente* kochen (nach Packungsanweisung richten).

Inzwischen das Olivenöl bei mittlerer Temperatur in einer großen Pfanne erhitzen. Knoblauch, 2 Thymianzweige und Tomaten zufügen und 1 Minute anschwitzen. Die zerbröckelte Wurst zugeben und einige Minuten unter Rühren braten, bis sie leicht angebräunt ist. Temperatur erhöhen, den Weißwein zugießen und 1 Minute köcheln lassen. Champignons und übrigen Thymianzweig zugeben und vermengen. Dann die Hitze reduzieren, einen Deckel auflegen und 10 Minuten garen. Falls die Sauce zu trocken wird, ein wenig heißes Nudelwasser zugießen.

Pasta abseihen, dabei etwas Kochwasser auffangen. Beides zur Wurst-Champignon-Sauce geben und gut vermengen. Die Thymianzweige entfernen und mit Parmesanspänen garniert servieren.

FUSILLI BUCATI CON PANNA, NOCI E BRICCIOLE CROCCANTI

FUSILLI BUCATI MIT WALNÜSSEN, SAHNE UND KNUSPRIGEN CROÛTONS

Walnüsse und Sellerie sind die perfekten Zutaten für dieses cremige Pastagericht. Kaufen Sie Staudensellerie mit vielen Blättern und verwenden Sie nur das zarte Herz aus der Mitte. In Süditalien war es auf dem Land üblich, Brotkrümel (von Brotresten) auf die Pasta zu streuen, wenn es keinen Käse gab. Dies inspirierte mich zu den knusprigen Croûtons. Das Rezept ist im Nu zubereitet und etwas ganz Besonderes!

Zubereitungszeit: 15 Minuten (ohne Vorbereitung)

Für 4 Personen

Meersalz
320 g Pasta *fusilli bucati*
1 Knoblauchzehe, geschält
60 g Brot (1 Tag alt), klein gewürfelt
1 Stange Staudensellerie mit Blättern, Blätter abgezupft und Stängel in feine Ringe geschnitten
90 g Walnüsse
3 EL Milch
1 Prise Muskatnuss
Meersalz und schwarzer Pfeffer aus der Mühle
100 ml Kochsahne
1 EL natives Olivenöl extra

Wasser mit Salz in einem großen Topf zum Kochen bringen und die Pasta 10–12 Minuten *al dente* kochen (nach Packungsanweisung richten).

Inzwischen Knoblauch, 30 g Brotwürfel, Sellerieblätter, Walnüsse, Milch, Muskatnuss und etwas Salz und Pfeffer im Mixer zu einer glatten Paste verarbeiten. Die Kochsahne zugießen und vermengen. Falls die Sauce zu dickflüssig ist, ein wenig Pasta-Kochwasser zugeben und beiseitestellen.

Das Olivenöl bei mittlerer Temperatur in einer großen Pfanne erhitzen. Sellerieringe und restliche Brotwürfel hineingeben und unter Rühren 1 Minute braten, bis das Brot goldbraun ist.

Die Pasta abseihen und dabei etwas Kochwasser auffangen. Die Sauce bei niedriger Temperatur in einem großen Topf erhitzen. Die *fusilli bucati* und das aufgefangene Wasser dazugeben und vermengen. Auf Teller verteilen und mit den knusprigen Brotwürfeln und den Selleriestückchen garnieren.

GNOCCHI CON GORGONZOLA E PERA

GNOCCHI MIT GORGONZOLA UND BIRNE

Gnocchi und Gorgonzola – eine klassische Kombination! Die süßen reifen Birnen verfeinern das Aroma und schon hat man eine köstliche schnelle Mahlzeit. Am besten kaufen Sie beim Feinkosthändler hochwertige Gnocchi. Besonders gut schmeckt mir die kleine Sorte namens *chicchi.*

Zubereitungszeit: 10 Minuten

Für 4 Personen

3 EL Butter
Blättchen von 2 Thymianzweigen
1 reife Birne (Sorte Conference), geschält, geviertelt, Kerngehäuse entfernt und in kleine Stücke geschnitten
200 g Gorgonzola, grob zerkleinert
5 EL Milch
1 Prise geriebene Muskatnuss, plus etwas mehr zum Servieren
500 g Gnocchi aus der Packung
Meersalz (nach Belieben)

Wasser in einem großen Topf erhitzen.

Die Butter bei mittlerer Temperatur in einer großen Pfanne zerlassen. Die Thymianblättchen und Birnenstücke zufügen und unter Rühren 30 Sekunden braten. Gorgonzola, Milch und Muskatnuss zugeben und gut vermengen, bis der Käse zerschmilzt. Auf niedrige Hitze reduzieren.

Sobald das Wasser im Topf kocht, die Gnocchi zufügen und 1–2 Minuten garen, bis sie an die Wasseroberfläche steigen. Mit einem Schaumlöffel in die cremige Sauce geben und gut unterrühren. Mit Salz abschmecken, vom Herd nehmen, mit ein wenig frisch geriebener Muskatnuss bestreuen und sofort servieren.

TROFIE AL PESTO CON NOCI E POMODORO

TROFIE MIT PESTO, WALNÜSSEN UND TOMATE

Das klassische Gericht *trofie al pesto* aus Ligurien ist inzwischen in ganz Italien und auch andernorts sehr beliebt. Die *trofie* (kurze, gedrehte Pasta ohne Ei) probierte ich erstmals in den Neunzigern auf einer Reise durch die Region. Erfreulicherweise sind sie nun in italienischen Feinkostläden und sogar in manchen Supermärkten erhältlich. Sie müssen etwas länger gekocht werden als die meisten anderen Pastasorten, weshalb man die Garzeit unbedingt auf der Packung nachlesen sollte. Ich bereite gerne mein eigenes Pesto (S. 164) zu, man bekommt frisches Pesto in guter Qualität aber auch im Fachhandel. Oder Sie entscheiden sich für eines aus dem Glas – inzwischen gibt es köstliche Sorten, die in keinem Vorratsschrank fehlen sollten. Bei diesem Rezept habe ich noch Walnüsse und Tomaten zugefügt.

Zubereitungszeit: 15–20 Minuten (je nach Garzeit der Pasta)

Für 4 Personen

Meersalz
320 g Pasta *trofie*
100 g Pesto (S. 164)
1 Spritzer natives Olivenöl extra
40 g Walnussbruch
2 Tomaten (ca. 250 g), geviertelt, Samen entfernt und grob gehackt
einige Basilikumblätter zum Garnieren
geriebener Parmesan zum Garnieren

Wasser mit Salz in einem großen Topf zum Kochen bringen, die *trofie* zufügen und 12–15 Minuten *al dente* kochen (nach Packungsanweisung richten).

Sobald die Pasta fast fertig ist, das Pesto mit 1 Spritzer Olivenöl in einer großen Pfanne langsam erhitzen. Die *trofie* abseihen, dabei ein wenig Kochwasser auffangen. Beides zum Pesto geben und gut vermengen. Walnüsse und Tomaten zufügen und unterrühren. Vom Herd nehmen, mit Basilikumblättern und geriebenem Parmesan nach Belieben garnieren und dann servieren.

CARBONARA DI SALMONE AFFUMICATO

RÄUCHERLACHS-CARBONARA

Bei dieser Variante der klassischen Carbonara verwende ich statt Pancetta Räucherlachs. Nehmen Sie am besten Scheibenlachs: Er ist nicht nur preisgünstiger, Sie sparen auch Zeit, da er bereits aufgeschnitten ist. Sicher wird diese Pasta zu einem Ihrer Lieblingsabendessen unter der Woche, wenn es schnell gehen muss! Obwohl Käse nicht wirklich zu Fisch passt, reibe ich bei diesem Gericht gerne ein wenig Pecorino darüber.

Zubereitungszeit: 10 Minuten (inkl. Vorbereitung)

Für 4 Personen

Meersalz und schwarzer Pfeffer aus der Mühle
320 g Pasta *spaghetti* oder *linguine*
2 Eigelb
1 EL Milch
1 gehäufter EL Butter
3 EL natives Olivenöl extra
2 Lorbeerblätter
200 g Räucherlachsscheiben, in Streifen geschnitten
3 EL Weißwein
ein wenig Pecorino, gerieben, zum Servieren (nach Belieben)

Wasser mit Salz in einem großen Topf zum Kochen bringen und die Pasta *al dente* kochen (nach Packungsanweisung richten).

Inzwischen die Eigelbe in einer Schüssel mit Milch und ein wenig Salz und Pfeffer vermengen und beiseitestellen.

Butter und Olivenöl bei mittlerer Temperatur in einer großen Pfanne erhitzen. Die Lorbeerblätter zufügen und 1 Minute anschwitzen. Die Räucherlachsstreifen zugeben und unter Rühren einige Minuten braten. Den Weißwein zugießen und 1 Minute reduzieren lassen. Mit schwarzem Pfeffer würzen.

Die Pasta abseihen, zum Räucherlachs geben und gut vermengen. Die Lorbeerblätter entfernen. Vom Herd nehmen, die Eimischung zugießen und gut unterrühren. Nach Belieben mit ein wenig geriebenem Pecorino garnieren.

TAGLIOLINI CON PISELLI E RICOTTA

TAGLIOLINI MIT ERBSEN UND RICOTTA

Dieses schlichte Pastagericht mit Erbsen wird durch den Ricotta schön cremig – ein perfektes schnelles Abendessen für die ganze Familie. Statt *tagliolini*, eine dünne Version der *tagliatelle*, kann man auch *linguine* oder sogar eine kurze Pastasorte wie *farfalle* nehmen. Köstlich schmeckt es in jedem Fall.

Zubereitungszeit: 12–15 Minuten

Für 4 Personen

Meersalz
320 g Pasta *tagliolini*
2 EL natives Olivenöl extra
1 kleine Zwiebel, fein gehackt
½ Handvoll Basilikumblätter
200 g TK-Erbsen
200 ml Gemüsebrühe
250 g Ricotta
schwarzer Pfeffer aus der Mühle

Wasser mit Salz in einem großen Topf zum Kochen bringen und die Pasta *al dente* kochen (nach Packungsanweisung richten).

Inzwischen das Olivenöl bei mittlerer Temperatur in einer großen Pfanne erhitzen. Die Zwiebel und einige Basilikumblätter zufügen und 2 Minuten anschwitzen. Erbsen, restliches Basilikum und Gemüsebrühe hineingeben und vermengen. 3 Minuten garen, bis die Erbsen weich sind.

Den Ricotta mit ein wenig schwarzem Pfeffer aus der Mühle in einer Schüssel mit einer Gabel vermischen.

Die Pasta abseihen und zu den Erbsen geben. Den Ricotta hinzufügen, verrühren und 1 Minute erhitzen. Sofort servieren.

LINGUINE CON ZUCCHINI E GAMBERETTI

LINGUINE MIT ZUCCHINI UND GARNELEN

Garnelen und Zucchini vertragen sich wirklich gut und ergeben zusammen mit dieser Pasta eine ausgewogene Mahlzeit. Ich rasple die Zucchini gerne selbst – es geht fix und lässt sich wunderbar erledigen, während man darauf wartet, dass das Wasser für die Pasta kocht. Soll es noch schneller gehen, nimmt man die bereits spiralisierten Zucchini aus dem Supermarkt und schneidet sie etwas klein.

Zubereitungszeit: 20 Minuten

Für 4 Personen

Meersalz
400 g Pasta *linguine*
3 Zucchini oder ca. 600 g bereits spiralisierte/geriebene Zucchini
5 EL natives Olivenöl extra
3 Knoblauchzehen, in feine Scheiben geschnitten
4 Sardellenfilets
300 g Garnelen ohne Schale
1 Handvoll Basilikumblätter
frisch gepresster Saft von ½ Zitrone zum Servieren (nach Belieben)

Wasser mit Salz in einem großen Topf zum Kochen bringen und die Pasta *al dente* kochen (nach Packungsanweisung richten).

Inzwischen die Zucchini grob raspeln. Die Masse mit den Händen ausdrücken, sodass überschüssige Flüssigkeit austritt, und beiseitestellen.

Das Olivenöl bei niedriger bis mittlerer Temperatur in einer großen Pfanne erhitzen. Knoblauch und Sardellen zufügen und 1 Minute anschwitzen, bis die Filets zerfallen. Falls nötig, die Hitze reduzieren, damit der Knoblauch nicht anbrennt. Die Zucchiniraspel zugeben und unter Rühren 2–3 Minuten braten, bis sie weich sind. Mit Salz abschmecken. Die Garnelen untermengen und weitere 2 Minuten garen.

Die Pasta abseihen und dabei etwas Kochwasser auffangen, beides zur Sauce geben und gut vermischen. Das Basilikum unterrühren und 1 weitere Minute braten. Falls nötig, ein wenig Pastawasser zugeben. Nach Belieben mit 1 Spritzer Zitronensaft verfeinern und sofort servieren.

TROMPETTI CON CASTAGNE

TROMPETTI MIT MARONEN

Dieses herzhafte Pastagericht wird mit einer meiner Lieblingszutaten zubereitet: Maronen – ich pflücke die Esskastanien jeden Herbst. Obwohl sie schnell gekocht sind – ich gebe meist ein Lorbeerblatt ins Wasser – können Sie auch die bereits vorgegarten, vakuumverpackten Maronen kaufen, die im Supermarkt erhältlich sind. Einst galten sie als Armenspeise, heute aber verwenden wir die vielseitige Zutat wie eine nährstoffreiche Delikatesse, die hier hervorragend zum sahnigen Mascarpone passt.

Zubereitungszeit: 20 Minuten

Für 4 Personen

Meersalz
360 g Pasta *trompetti*
4 EL natives Olivenöl extra
1 Stange Lauch, fein geschnitten
80 g Pancetta, fein gewürfelt
300 g gekochte Maronen (Esskastanien), grob gehackt
Nadeln von 2 Rosmarinzweigen
schwarzer Pfeffer aus der Mühle
140 g Mascarpone
Pecorino, gerieben, zum Servieren

Wasser mit Salz in einem großen Topf zum Kochen bringen und die *trompetti* 10–12 Minuten *al dente* kochen (nach Packungsanweisung richten).

Inzwischen das Olivenöl bei mittlerer Temperatur in einer großen, tiefen Pfanne erhitzen. Lauch und Pancetta zugeben und einige Minuten anschwitzen. Maronen, Rosmarin und ein wenig Salz und Pfeffer zufügen, einen Deckel auflegen und 5 Minuten braten.

Den Mascarpone in einer Schüssel mit ein wenig heißem Pasta-Kochwasser vermischen, sodass er schön locker und cremig wird.

Die Pasta abseihen und dabei etwas Kochwasser auffangen. Dann die Pasta zu den Maronen geben, den Mascarpone zufügen und gut vermengen. Falls nötig, noch etwas von dem aufgefangenen Wasser zugießen.

Mit geriebenem Pecorino bestreuen und servieren.

ORECCHIETTE CON SALSA AL POMODORO E RICOTTA SALATA

ORECCHIETTE MIT TOMATEN UND RICOTTA SALATA

Ricotta salata ist die feste Version der bekannten cremigen Käsesorte. Er wird gepresst, gesalzen und getrocknet. Nach einer gewissen Reifezeit passt er perfekt zu Gerichten wie diesem hier. *Orecchiette* (»kleine Ohren«) ist eine handgemachte Pastasorte ohne Ei aus Apulien, die auch getrocknet im Handel erhältlich ist. Falls Sie die Tomatensauce nicht selbst zubereiten wollen, kaufen Sie eine Fertigsauce von guter Qualität. Alle Zutaten für folgendes Rezept sind beim italienischen Feinkosthändler erhältlich. Dieses schnelle Gericht verkörpert italienische Leichtigkeit!

Zubereitungszeit: 15 Minuten

Für 4 Personen

Meersalz
400 g Pasta *orecchiette*
½ Portion Tomatensauce (S. 163)
80 g *ricotta salata*, gerieben
einige Basilikumblätter zum Garnieren

Wasser mit Salz in einem großen Topf zum Kochen bringen und die *orecchiette* 12 Minuten *al dente* kochen (nach Packungsanweisung richten).

Inzwischen die Tomatensauce in einem großen Topf langsam erhitzen.

Die Pasta abseihen und mit der Tomatensauce vermengen. Auf Servierschüsseln verteilen, mit dem geriebenen *ricotta salata* bestreuen und mit Basilikumblättern garnieren.

PASTA AL FORNO AI 4 FORMAGGI

MAC 'N' CHEESE AUF ITALIENISCH

So bereitet man Mac 'n' Cheese auf Italienisch zu, ohne eine aufwendige Béchamelsauce vorbereiten zu müssen. In diesem Gericht können außerdem wunderbar Käsereste verwertet werden. Sie können Käse aller Art aus dem Kühlschrank verwenden, was besonders nach Weihnachten praktisch ist, wenn man viele kleine Stückchen übrig hat. Dieses auch für Kinder geeignete Gericht wird in Auflaufförmchen serviert und ist vielleicht schon bald der Favorit unter allen Wochentagsspeisen Ihrer Familie.

Zubereitungszeit: 15 Minuten (inkl. Vorbereitung)

Für 4 Personen

Butter
Meersalz
320 g Pasta *maccheroni* oder *spirallini*
70 g Emmentaler
80 g Fontal (ein Typ Fontina-Käse, der aber geschmolzen nicht so ölig ist) oder reifer, pikanter Cheddar
100 g Gorgonzola
3 EL Milch
40 g geriebener Parmesan, plus etwas mehr zum Bestreuen
schwarzer Pfeffer aus der Mühle

4 Auflaufförmchen dünn mit Butter einfetten. Die Grillfunktion des Backofens auf höchster Stufe vorheizen.

Wasser mit Salz in einem großen Topf zum Kochen bringen und die Pasta 10–12 Minuten *al dente* kochen (nach Packungsanweisung richten).

Inzwischen Emmentaler, Fontal und Gorgonzola grob zerkleinern, mit der Milch in einen großen Topf geben und bei niedriger Temperatur schmelzen, bis eine cremige Sauce entsteht. Dabei mit einem hölzernen Kochlöffel umrühren.

Die Pasta abseihen, zur Käsesauce geben und vermengen. Den Parmesan unterrühren und mit Salz und Pfeffer abschmecken. Alles auf die Auflaufförmchen verteilen, mit dem restlichen Parmesan bestreuen und 4–5 Minuten im Backofen grillen, bis der Käse goldbraun ist.

LASAGNE AL PANE CARASAU

TOMATEN-RICOTTA-LASAGNE MIT PANE CARASAU

Das sardische *pane carasau* ist nicht nur ein Fladenbrot, sondern kann zu einer Vielzahl von Gerichten verarbeitet werden, wie z. B. dieser schnellen Lasagne. Verwenden Sie es so wie Lasagneblätter: Damit alles in die Form passt, müssen Sie es zerkleinern. Das dünne Brot ist nicht nur schneller gar als Nudelblätter, das Ergebnis ist zudem wesentlich leichter. Das Aroma einer normalen Lasagne bleibt dabei dennoch erhalten. Falls Sie nicht genügend Zeit haben, um die Tomatensauce selbst zuzubereiten, kaufen Sie eine hochwertige aus dem Glas. Der Ricotta, der in süditalienischen Pasta-Aufläufen so beliebt ist, wird hier als leichte Alternative zur klassischen Béchamelsauce verwendet.

Zubereitungszeit: 30 Minuten (inkl. Vorbereitung)

Für 4 Personen

250 g Ricotta
25 g geriebener Parmesan,
plus etwas mehr zum Bestreuen
1 EL Milch
Meersalz und schwarzer Pfeffer aus der Mühle
1 Portion Tomatensauce (S. 163)
120 g *pane carasau*
(aus dem italienischen Feinkosthandel)
1 Handvoll Basilikumblätter
120 g Mozzarella, grob gehackt,
plus etwas mehr zum Bestreuen

Den Backofen auf 180 °C (Umluft)/200 °C (Ober- und Unterhitze) vorheizen.

Ricotta, Parmesan und Milch vermengen, mit Salz und Pfeffer würzen und zu einer cremigen Paste verrühren.

Ein wenig Tomatensauce in eine feuerfeste Auflaufform füllen. Mit einem Stück *pane carasau* belegen und dann erneut mit Tomatensauce auffüllen. Eine Schicht Ricottamischung auftragen. Mit einigen Basilikumblättern bestreuen und mit etwas Mozzarella belegen. Die Schritte wiederholen, bis alle Zutaten aufgebraucht sind. Mit einer Schicht Tomatensauce abschließen. Ein wenig Mozzarella und Parmesan darüberstreuen.

In den Ofen geben und nach 15 Minuten die Grillfunktion auf höchste Stufe stellen. Nach 3 Minuten herausnehmen.

RISOTTOS

In Italien galt Risotto immer als das Grundnahrungsmittel der nördlichen Regionen, wo die Reisfelder die Po-Ebene bedecken. In norditalienischen Familien wird das Risotto als *primo* (Vorspeise) statt Pasta serviert. Obwohl ich im Süden aufgewachsen bin, bereitete meine Mutter oft eines mit Gemüse zu, besonders an Tagen, an denen sie viel zu tun und keine Zeit zum Kochen hatte.

Risotto ist ebenso vielseitig und einfach in der Zubereitung wie Pasta. Oft genügt ein einziger Topf zum Kochen. Und selbst bei einem leeren Vorratsschrank ist ein Risotto mit Butter und Parmesan schnell gerührt. Es lässt sich mit allen erdenklichen Zutaten zubereiten – ich mag es am liebsten mit ganz viel Gemüse. Als Basis dient ein wenig feingehackte Zwiebel, zu der ich dann das jeweilige Gemüse gebe: Bei uns zu Hause sind das Karotten und Erbsen, die wir immer vorrätig haben.

Aus einem schlichten Risotto kann man auch ein wahres Festmahl zaubern. Dazu verfeinert man es mit Trüffelbutter oder -öl und garniert es mit Trüffelspänen, was ganz hervorragend schmeckt. Risottoreis passt so gut zu diesem teuren Pilz, dass das Gericht in den Trüffelregionen Piemont, Umbrien und Toskana ganz selbstverständlich auf den Speisekarten der Restaurants und Trattorien steht.

Ein gutes Risotto gelingt nur mit dem passenden Reis. Versuchen Sie nicht, es mit irgendeinem Reis zuzubereiten, den Sie noch im Schrank stehen haben – es wird nicht funktionieren! Beim italienischen Feinkosthändler gibt es *carnaroli*, *vialone nano* oder einen guten *arborio*. Diese Kurzkornsorten saugen die Flüssigkeit auf und geben Stärke ab, sodass sie sich perfekt für ein cremiges Risotto eignen. Auch bei der Brühe oder dem Fond sollten Sie auf Qualität achten: Es kann ruhig ein Brühwürfel sein, den man in heißem Wasser auflöst. Die fertige Brühe sollten Sie in einem Topf bei niedriger Temperatur warmhalten und sie nach und nach zum Risotto geben: Dazu jeweils 1–2 Schöpflöffel zugießen und vom Reis aufnehmen lassen, bevor erneut Flüssigkeit zugegeben wird. Die Herdplatte sollte stets auf niedrige bis mittlere Temperatur eingestellt sein. Damit der Reis nicht am Topfboden anhaftet, sollten Sie ihn ständig mit einem Holzlöffel umrühren. Nehmen Sie dann das fertige Risotto vom Herd und rühren Sie Butter und Parmesan ein, damit es schön cremig wird.

RISOTTO CAPRESE

RISOTTO MIT TOMATE, MOZZARELLA UND BASILIKUM

Die Zutaten für dieses Risotto sind die gleichen wie beim klassischen *Caprese*-Salat – Tomaten, Mozzarella und Basilikum. Dieses fantastische Risotto wird auch in meiner Familie gerne unter der Woche gegessen.

Zubereitungszeit: 30 Minuten

Für 4 Personen

40 g Butter
2 EL natives Olivenöl extra
1 kleine Zwiebel, fein gehackt
2 Handvoll Basilikumblätter
260 g Kirschtomaten, geviertelt
320 g Risottoreis *arborio*
100 ml Weißwein
1,5 l heiße Gemüsebrühe
200 g Mozzarella, klein gewürfelt
30 g geriebener Parmesan

Die Hälfte der Butter und das Olivenöl bei mittlerer Temperatur in einem großen Topf mit schwerem Boden erhitzen. Die Zwiebel und einige Basilikumblätter zugeben und 2 Minuten anschwitzen. Die Tomaten zufügen, vermengen und 1 weitere Minute sautieren. Dann den Reis hineingeben und verrühren, bis er gut mit Öl bedeckt ist. Den Wein zugießen und kochen, bis er vom Reis aufgesogen wurde. Einige Schöpflöffel heiße Brühe zugeben, mit einem hölzernen Kochlöffel umrühren und vollständig vom Reis aufnehmen lassen. 17–20 Minuten abwechselnd Brühe zugießen und rühren, bis das Risotto *al dente* ist.

Vom Herd nehmen und restliche Butter und Mozzarella zugeben. Untermischen, bis beides zerlaufen ist und sich mit dem Risotto verbunden hat. Den Parmesan und die restlichen Basilikumblätter hineingeben und vermengen. Sofort servieren.

RISOTTO FESTIVO

FESTLICHES RISOTTO MIT PROSECCO, GARNELEN UND JAKOBSMUSCHELN

Das ideale Risotto für eine besondere Gelegenheit! Sobald es mit Prosecco verfeinert wurde, können Sie den Rest der Flasche mit Ihren Gästen genießen. Das Kochen geht so einfach, dass Sie sich ruhig auch ein Gläschen gönnen dürfen! Wenn Sie am Ende die Butter zufügen (auf Italienisch *mantecare* = »cremig kochen«) sollten Sie sie nicht zu kräftig unterrühren, damit die Meeresfrüchte nicht zerdrückt werden: Beim Servieren sieht es einfach hübscher aus, wenn sie noch in einem Stück sind.

Zubereitungszeit: 30 Minuten

Für 4 Personen

40 g Butter, plus ein Stück extra
2 EL natives Olivenöl extra,
plus etwas mehr zum Beträufeln
2 Schalotten, fein gehackt
320 g Risottoreis *arborio*
125 ml Prosecco
1,3 l heiße Gemüsebrühe
12 Jakobsmuscheln
12 Riesengarnelen
1 Handvoll frische Petersilie, fein gehackt

Butter und Olivenöl bei mittlerer Temperatur in einem großen Topf erhitzen. Die Schalotten zufügen und 1 Minute anschwitzen. Den Reis zugeben und vermengen, bis er gut mit Öl bedeckt ist. Den Prosecco hineingießen, die Hitze erhöhen und die Flüssigkeit reduzieren lassen. Dann einige Schöpflöffel heiße Brühe zugeben und mit einem hölzernen Kochlöffel umrühren, bis sie vom Reis aufgesogen wurde. 17–20 Minuten abwechselnd Brühe zugießen und rühren, bis das Risotto *al dente* ist. Etwa 5 Minuten vor dem Ende der Garzeit Jakobsmuscheln und Garnelen zugeben und vermengen. Vom Herd nehmen, das extra Stück Butter und die Petersilie unterrühren, mit Olivenöl beträufeln und servieren.

RISOTTO AI CALAMARI E ZAFFERANO

RISOTTO MIT CALAMARI UND SAFRAN

Dieses Risotto, dem der Safran eine schöne gelbe Farbe verleiht, schmeckt wunderbar. Durch die leicht gerösteten Pinienkerne bekommt das Gericht eine knackige Komponente – ein guter Kontrast zu den weichen Calamari. Ich würze meine Portion gerne mit einer Prise Chiliflocken, um das Risotto ein wenig feuriger zu machen!

Zubereitungszeit: 25–30 Minuten (ohne Vorbereitung)

Für 4 Personen

4 EL natives Olivenöl extra,
plus etwas mehr zum Beträufeln
2 kleine Schalotten, fein gehackt
400 g Calamari (Tintenfischtuben),
in Ringe geschnitten
320 g Risottoreis *arborio*
150 ml Weißwein
1,5 l heiße Gemüsebrühe
einige Safranfäden, in ein wenig
Gemüsebrühe aufgelöst
30 g Butter
1 Handvoll frische Petersilie, fein gehackt
50 g Pinienkerne (nach Belieben)
2 TL Chiliflocken (nach Belieben)

Das Olivenöl bei hoher Temperatur in einem großen Topf erhitzen, die Schalotten zufügen und 1 Minute anschwitzen. Die Calamari zugeben und unter Rühren 4 Minuten braten. Den Reis hineingeben und vermengen, bis er gut mit Öl bedeckt ist. Dann den Wein zugießen und kochen, bis er vom Reis aufgesogen wurde. Auf mittlere Hitze reduzieren und einige Schöpflöffel heiße Brühe zugeben. Mit einem hölzernen Kochlöffel umrühren, bis der Reis sie aufgenommen hat. 20 Minuten abwechselnd Brühe zugießen und rühren, bis das Risotto *al dente* ist.

Vom Herd nehmen, Safranfäden, Butter und Petersilie zugeben und gut vermengen.

Eine kleine Pfanne erhitzen, Pinienkerne zufügen und 1 Minute ohne Fett rösten, bis sie leicht angebräunt sind.

Risotto auf 4 Schüsseln verteilen und mit Pinienkernen und nach Belieben mit Chiliflocken bestreuen. Abschließend mit etwas Olivenöl beträufeln und servieren.

RISOTTO AL ZAFFERANO CON PORCINI SECCHI

SAFRANRISOTTO MIT GETROCKNETEN STEINPILZEN

Dieses traditionelle Risotto aus Mailand ist ein Klassiker. Hier kommen noch getrocknete Steinpilze hinzu – ein Muss für Pilzliebhaber. Falls gerade Steinpilzsaison ist, können Sie natürlich auch frische *porcini* nehmen. Die getrockneten Pilze bekommen Sie aber auch im Feinkostgeschäft oder im Supermarkt.

Zubereitungszeit: 35 Minuten

Für 4 Personen

50 g getrocknete Steinpilze (*porcini*)
einige Safranfäden
2 gehäufte EL Butter
2 EL natives Olivenöl extra
1 kleine Zwiebel, fein gehackt
320 g Risottoreis *arborio*
100 ml Weißwein
1,5 l heiße Gemüsebrühe
50 g geriebener Parmesan,
plus etwas mehr zum Servieren

Getrocknete *porcini* und Safranfäden in ein wenig warmem Wasser einweichen und 10 Minuten beiseitestellen.

1 gehäuften EL Butter und das Olivenöl bei mittlerer Temperatur in einem mittelgroßen Topf erhitzen. Zwiebel einstreuen und einige Minuten anschwitzen. *Porcini* und Safranfäden zugeben (Einweichwasser aufbewahren) und 1 Minute unter Rühren braten. Reis hinzufügen und vermengen, bis er gut mit Öl bedeckt ist. Weißwein und Einweichwasser hineingießen und mit einem hölzernen Kochlöffel umrühren, bis die Flüssigkeit vom Reis aufgesogen wurde. Einige Schöpflöffel heiße Brühe zugeben und vermengen, bis der Reis sie aufgenommen hat. 17–20 Minuten abwechselnd Brühe zugießen und rühren, bis das Risotto *al dente* ist.

Vom Herd nehmen, die restliche Butter und den Parmesan zugeben und vermengen. Nach Belieben mit Parmesan bestreuen und sofort servieren.

RISOTTO DI CAROTA E SEDANO RAPA

RISOTTO MIT KAROTTE UND KNOLLENSELLERIE

Karotte und Knollensellerie sind ein himmlisches Paar. Meine Partnerin Liz kreierte dieses Risotto, als wir zufällig etwas von dem Wurzelgemüse übrig hatten. Seitdem kochen wir es regelmäßig – und kaufen den Sellerie nun ganz gezielt ein! Wenn man das Gemüse reibt, gart es nicht nur schneller, sondern verbindet sich auch wunderbar mit dem Risotto. Dies ist ein perfektes schnelles Gericht für das Familienabendessen unter der Woche.

Zubereitungszeit: 30 Minuten (ohne Vorbereitung des Gemüses)

Für 4 Personen

50 g Butter
3 EL natives Olivenöl extra
1 kleine Zwiebel, fein gehackt
2 Karotten, geschält und gerieben
200 g Knollensellerie, geschält und gerieben
(abgewogen nach der Vorbereitung)
340 g Risottoreis *arborio*
100 ml Weißwein
1,5 l heiße Gemüsebrühe
40 g geriebener Parmesan,
plus etwas mehr zum Servieren
1 Handvoll Petersilie, fein gehackt

Die Hälfte der Butter und das Olivenöl bei mittlerer Temperatur in einem großen Topf mit schwerem Boden erhitzen. Zwiebel, Karotten und Knollensellerie zugeben und 4–5 Minuten anschwitzen. Den Reis zufügen und vermengen, bis er gut mit Öl bedeckt ist. Den Wein hineingießen und kochen, bis er vom Reis aufgesogen wurde. Dann einige Schöpflöffel heiße Brühe zugeben und mit einem hölzernen Kochlöffel umrühren, bis der Reis sie aufgenommen hat. 17–20 Minuten abwechselnd Brühe zugießen und rühren, bis das Risotto *al dente* ist.

Vom Herd nehmen, restliche Butter und Parmesan zugeben und mit einem hölzernen Kochlöffel gut vermengen. Die Petersilie untermischen, nach Belieben mit extra Parmesan bestreuen und sofort servieren.

RISOTTO CON LENTICCHIE

LINSENRISOTTO

Ein äußerst nahrhaftes und schnelles Gericht. Am besten nehmen Sie Castelluccio-Linsen aus Umbrien, die im guten italienischen Feinkosthandel erhältlich sind. Sie garen nicht nur schnell, sondern schmecken auch noch köstlich. Ansonsten verwenden Sie kleine braune oder grüne Linsen, die man nicht einweichen muss. Sollte die Zeit knapp sein, greifen Sie zu Bio-Linsen aus der Dose, die abgeseiht und nach der Hälfte der Kochzeit zum Risotto gegeben werden.

Zubereitungszeit: 30–35 Minuten

Für 4–6 Personen

250 g Castelluccio-Linsen
40 g Butter
1 EL natives Olivenöl extra
100 g Pancetta, fein gewürfelt
1 ganze Knoblauchzehe
1 Rosmarinzweig
1 Stange Staudensellerie, fein gehackt
1 Karotte, geschält und fein gewürfelt
100 g stückige Tomaten aus der Dose
250 g Risottoreis *arborio*
1,5 l heiße Gemüsebrühe
30 g geriebener Parmesan,
plus etwas mehr zum Servieren

Die Linsen in einem Topf mit Wasser bedecken, zum Kochen bringen und 10 Minuten köcheln lassen.

Inzwischen 20 g Butter und das Olivenöl bei hoher Temperatur in einem großen Topf mit schwerem Boden erhitzen. Den Pancetta zugeben und 2 Minuten sautieren. Dann auf mittlere Hitze reduzieren, Knoblauch, Rosmarin, Sellerie und Karotte zugeben und 4 Minuten anschwitzen. Die Tomaten unterrühren und 3 Minuten braten.

Die Linsen abseihen und zur Mischung in den Topf geben. Den Reis zufügen und vermengen, bis er gut mit Öl bedeckt ist. Dann einige Schöpflöffel heiße Brühe zugeben und mit einem hölzernen Kochlöffel vermischen, bis sie vom Reis aufgesogen wurde. 17–20 Minuten abwechselnd Brühe zugießen und rühren, bis das Risotto *al dente* ist und die Linsen gar sind.

Vom Herd nehmen, den Knoblauch entsorgen und die restliche Butter und den Parmesan unterrühren. Nach Belieben mit extra Parmesan bestreuen und sofort servieren.

RISOTTO CON VONGOLE E PEPERONI MISTI

RISOTTO MIT VENUSMUSCHELN UND BUNTEM PAPRIKAGEMÜSE

Für dieses Risotto mit üppigem Aroma sollten Sie ganz frische Venusmuscheln kaufen. Um die Dinge zu beschleunigen, nehmen Sie einfach bereits geschnittene Paprika aus dem Supermarkt. Das Ergebnis ist ein farbenfrohes Festmahl für die Augen und eine wahre Köstlichkeit für den Gaumen. Dieses Gericht eignet sich bestens für ein entspanntes Abendessen mit Freunden, zu dem hervorragend ein gekühlter, spritziger Weißwein wie Greco di Tufo aus Kampanien oder ein Lugana vom Gardasee passen.

Zubereitungszeit: 35 Minuten

Für 4 Personen

1 kg Venusmuscheln
300 ml Weißwein
1 ganze Knoblauchzehe
1 kleines Bund Petersilie,
  Blätter abgezupft und fein gehackt,
  einige Stängel nicht zupfen
4 EL natives Olivenöl extra,
  plus etwas mehr zum Beträufeln
2 Schalotten, fein gehackt
400 g grüne, rote und gelbe Paprikaschoten,
  fein aufgeschnitten
340 g Risottoreis *arborio*
600 ml heiße Gemüsebrühe

Venusmuscheln, die Hälfte des Weißweins, Knoblauch und Petersilienstängel in einen großen Topf geben, einen Deckel auflegen und bei mittlerer Temperatur 2–3 Minuten kochen, bis sich die Muschelschalen geöffnet haben.

Inzwischen das Olivenöl bei mittlerer Temperatur in einem weiteren Topf erhitzen, Schalotten zugeben und einige Minuten anschwitzen. Hitze erhöhen, Paprikaschoten zufügen und unter Rühren 3 Minuten braten.

Muscheln abseihen, Kochflüssigkeit auffangen und beides beiseitestellen. Die Muscheln, die sich nicht geöffnet haben, wegwerfen.

Reis zu den Paprikaschoten geben und vermengen, bis er gut mit Öl bedeckt ist. Restlichen Weißwein zugießen und kochen, bis er vom Reis aufgesogen wurde. Kochflüssigkeit der Venusmuscheln hineingeben, auf mittlere Hitze reduzieren und mit einem hölzernen Kochlöffel vermischen, bis der Reis sie aufgenommen hat. Einige Schöpflöffel heiße Gemüsebrühe zufügen und weiterrühren. 17–20 Minuten abwechselnd Brühe zugießen und rühren, bis das Risotto *al dente* ist.

Am Ende der Garzeit die Venusmuscheln unterheben. Mit der fein gehackten Petersilie bestreuen, mit Olivenöl beträufeln und sofort servieren.

RISOTTO AI QUATTRO FORMAGGI

4-KÄSE-RISOTTO

Dies ist sicher eines meiner liebsten Wohlfühlgerichte. Es ist besonders praktisch, wenn Sie noch Kästereste im Kühlschrank haben. Ich habe hier typisch italienische Sorten verwendet, aber Sie können natürlich alles nehmen, was Sie gerade zur Hand haben – z. B. Cheddar macht sich ganz hervorragend.

Zubereitungszeit: 25–30 Minuten

Für 4 Personen

50 g Butter
2 EL natives Olivenöl extra
1 kleine Zwiebel, fein gehackt
350 g Risottoreis *arborio*
100 ml Weißwein
1,5 l heiße Gemüsebrühe
50 g Taleggio, grob gewürfelt
50 g Dolcelatte, grob gewürfelt
50 g Pecorino, gerieben
50 g Parmesan, gerieben
1 Handvoll frische Petersilie, fein gehackt (nach Belieben)

Die Hälfte der Butter und das Olivenöl bei mittlerer Temperatur in einem mittelgroßen Topf erhitzen. Die Zwiebel zufügen und einige Minuten anschwitzen. Den Reis zugeben und vermengen, bis er gut mit Öl bedeckt ist. Den Wein hineingießen und kochen, bis er vom Reis aufgesogen wurde. Dann einige Schöpflöffel heiße Brühe zugeben und mit einem hölzernen Kochlöffel umrühren, bis der Reis sie aufgenommen hat. 17–20 Minuten abwechselnd Brühe zugießen und rühren, bis das Risotto *al dente* ist.

Vom Herd nehmen, restliche Butter und Käsesorten zugeben und gut vermengen, bis Taleggio und Dolcelatte geschmolzen sind. Nach Belieben mit Petersilie garnieren und sofort servieren.

RISOTTO CON SALSICCIA

RISOTTO MIT SALSICCIA

Über dieses simple Risotto freut sich unter der Woche die ganze Familie. Nehmen Sie eine hochwertige italienische Schweinswurst vom Feinkosthändler. Mir schmeckt am besten die Sorte mit Fenchel. Wer es lieber milder mag, nimmt eine *luganica* (eine lange, dünne Wurst aus Norditalien) oder erkundigt sich nach geeigneten Sorten.

Zubereitungszeit: 30 Minuten (ohne Vorbereitung)

Für 4 Personen

40 g Butter
2 EL natives Olivenöl extra
1 kleine rote Zwiebel, fein gehackt
Nadeln von 2 Rosmarinzweigen
300 g italienische Schweinswurst (*salsiccia*),
Haut abgezogen und Fleisch zerbröckelt
325 g Risottoreis *arborio*
100 ml Weißwein
1,5 l heiße Gemüsebrühe
40 g geriebener Parmesan

Die Hälfte der Butter und das Olivenöl bei mittlerer Temperatur in einem großen Topf erhitzen. Die Zwiebel zugeben und 1 Minute anschwitzen, bis sie weich ist. Rosmarin und Wurstmasse zufügen, Hitze erhöhen und unter Rühren 3–4 Minuten anbraten. Den Reis hineingeben und vermengen, bis er gut mit Öl bedeckt ist. Den Wein zugießen und kochen, bis er vom Reis aufgesogen wurde. Auf mittlere Hitze reduzieren, einige Schöpflöffel heiße Brühe zugeben und mit einem hölzernen Kochlöffel vermengen, bis sie vom Reis aufgesogen wurde. 17–20 Minuten abwechselnd Brühe zugießen und rühren, bis das Risotto *al dente* ist.

Vom Herd nehmen, die restliche Butter und den Parmesan hinzufügen, gut vermengen und sofort servieren.

FISCH

Auch ohne Spezialkenntnisse ist Fisch im Nu zubereitet. Man braucht nicht einmal viele Zutaten oder ausgefeilte Kochtechniken. Mir schmeckt Fisch am besten gegrillt oder gedämpft, verfeinert mit Olivenöl und Zitronensaft. So essen die meisten Italiener ihren Fisch und solange er frisch ist, kann man eigentlich nichts verkehrt machen.

Zum Glück bin ich am Meer aufgewachsen: Da frischer Fisch jederzeit erhältlich war, aßen wir ihn mehrmals pro Woche. Wir kannten die meisten Fischer, sodass ich mit ihnen hinausfahren und ihnen helfen durfte. Im Gegenzug gaben sie mir dann eine gute Portion Fisch und Meeresfrüchte mit nach Hause.

Ich liebe die italienischen Märkte und ihre wunderbaren Fischauslagen. Immer wenn ich zu Hause bin, kaufe ich frische Sardellen und koche *acciughe alla tortiera*, ein ganz einfaches Auflaufgericht. Ich lege frische Sardellen auch in Salz ein, nehme sie mit nach England und genieße den Rest des Jahres den Geschmack des Meeres.

Fisch hat einen hohen Nährwert, ist fettarm und gilt als hervorragende Quelle für Eiweiß, Vitamine und Mineralien. Der Verzehr mehrmals pro Woche soll laut wissenschaftlicher Erkenntnisse die geistige Beweglichkeit bewahren und für ein langes Leben sorgen. Meine Mutter hielt mich dazu an, Fischaugen zu essen, die sich beim Kochen in harte weiße Kugeln voller Phosphor verwandelten. Sie sagte, dass Phosphor die Intelligenz fördere!

Es ist so schade, dass immer mehr selbstständige Fischhändler ihren Laden aufgeben müssen. Dafür wird das Angebot der Fischtheken in Supermärkten spannender: Seeteufel, Rochenflügel, Knurrhahn, Tintenfisch, frischer Thunfisch und andere Sorten machen inzwischen Lachs und Kabeljau Konkurrenz.

TONNO FRESCO CON VERDURE IN OLIO

FRISCHER THUNFISCH MIT EINGELEGTEM GEMÜSE

Ein perfektes Essen für einen warmen Sommerabend. Frischer Thunfisch hat eine fleischartige Konsistenz, schmeckt aber unglaublich leicht. Eingelegtes Gemüse von guter Qualität gibt es beim italienischen Feinkosthändler. Die knackigen roten Zwiebeln runden das Gericht wunderbar ab.

Zubereitungszeit: 10 Minuten

Für 4 Personen

160 g eingelegte gegrillte Zucchini
160 g eingelegte gegrillte Auberginen
1 kleine rote Zwiebel,
 in feine Ringe geschnitten
60 g Rucola
120 g Datteltomaten, in Scheiben geschnitten
12 Basilikumblätter (nach Belieben)
450 g frischer Thunfisch, in Stücke geschnitten
30 g Pinienkerne
4 EL natives Olivenöl extra,
 plus 1 Spritzer extra zum Braten
2 EL Aceto balsamico
Meersalz und schwarzer Pfeffer aus der Mühle

Eingelegtes Gemüse, rote Zwiebel, Rucola, Tomaten und Basilikumblätter auf einem großen Servierteller anrichten.

Eine Grillpfanne oder eine normale Bratpfanne bei mittlerer Temperatur mit 1 Spritzer Olivenöl erhitzen. Die Thunfischstücke zugeben und jeweils von jeder Seite einige Minuten anbraten.

Den Fisch auf dem Gemüse verteilen, mit den Pinienkernen bestreuen, mit Olivenöl und Aceto balsamico beträufeln und mit Salz und Pfeffer würzen. Gut vermengen und servieren.

SGOMBRI AL CARTOCCIO AL PROFUMO DI LIMONE

GEDÄMPFTE MAKRELE MIT ZITRONENAROMA

Ich liebe Makrele – dieser wunderbare Fisch ist nährstoffreich und zudem schnell gegart. Bei der Zubereitungsmethode *al cartoccio* bleiben alle Aromen auf gesunde Weise erhalten. Servieren Sie die gegarten Makrelen in der Alufolie, sodass Sie den köstlichen Saft mit etwas gutem Brot auftunken können.

Zubereitungszeit: 30 Minuten (inkl. Vorbereitung)

Für 2 Personen

2 Makrelen (à ca. 240 g), ohne Kopf (nach Belieben) und küchenfertig
Meersalz und schwarzer Pfeffer aus der Mühle
2 Rosmarinzweige
1 Knoblauchzehe, fein gehackt
2 Bio-Zitronen, in feine Scheiben geschnitten
natives Olivenöl extra

Den Backofen auf 180 °C (Umluft)/200 °C (Ober- und Unterhitze) vorheizen.

Die Makrelen unter fließendem kalten Wasser abspülen und mit Küchenpapier trocken tupfen. Die Fische auf ein großes Stück Backpapier legen, das wiederum auf einem großen, festen Stück Alufolie liegt (die Fische können auch einzeln eingewickelt werden). Alufolie mit Makrelen auf ein Backblech legen und die Fische innen und außen mit Salz und Pfeffer würzen. Jeweils 1 Rosmarinzweig, die Hälfte des Knoblauchs und einige Zitronenscheiben in die Bauchhöhle stecken. Die restlichen Scheiben obenauf legen und die Makrelen mit Olivenöl beträufeln. Dann fest in die Alufolie wickeln und 20 Minuten backen.

Zum Servieren das ganze Päckchen (oder beide Päckchen) in die Mitte des Tisches legen. Guten Appetit!

MERLUZZO CON PATATE ASSORTITE E AGRODOLCE DI CIPOLLA ROSSA

SEEHECHT MIT KARTOFFEL-MIX UND ROTE-ZWIEBEL-AGRODOLCE

Dieses köstliche Fischgericht wird durch den bunten Kartoffelmix und das leicht säuerliche Zwiebel-*agrodolce* zu einer perfekten Hauptspeise, mit der Sie sicher für Begeisterung sorgen! Die Seehechtstückchen werden mit Kräutern und gutem Olivenöl gegart, während das Kartoffel-Trio im Ofen backt. Dieses Gericht sieht nicht nur hübsch bunt aus – die (Süß-)Kartoffeln stecken auch noch voller gesunder Nährstoffe.

Zubereitungszeit: 35–40 Minuten (inkl. Vorbereitung)

Für 4 Personen

Mischung aus lilafarbenen, weißfleischigen Kartoffeln und Süßkartoffeln (insgesamt 780 g)
16 Salbeiblätter
2 Lorbeerblätter
Meersalz (nach Belieben)
6 EL natives Olivenöl extra, plus etwas mehr zum Beträufeln
2 Rosmarinzweige
1 TL rosa Pfefferkörner
400 g Seehecht, in 4 Stücke geschnitten
½ rote Zwiebel, in sehr feine Ringe geschnitten
1 TL Kapern
2 TL Weißweinessig

Den Backofen auf 200 °C (Umluft)/220 °C (Ober- und Unterhitze) vorheizen.

Die Kartoffeln waschen und trocken tupfen. Je nach Größe halbieren oder vierteln (nicht schälen!). In einen großen Topf mit Wasser geben und 10 Minuten halb gar kochen. Gut abseihen und mit 8 Salbei- und beiden Lorbeerblättern in einen Bräter legen. Mit Salz bestreuen und mit Olivenöl beträufeln. 15–20 Minuten backen, bis sie gar sind und allmählich anbräunen.

Inzwischen Olivenöl, restliche Salbeiblätter, Rosmarin und rosa Pfefferkörner in einer großen Pfanne (die Fischstücke sollten später gut Platz haben) bei niedriger Temperatur 1 Minute erhitzen, bis die Kräuter ihr Aroma entfalten. Den Seehecht zufügen, sobald das Olivenöl leicht zu sprudeln beginnt. Einen Deckel auflegen und bei niedriger Temperatur weitere 15 Minuten braten. Nach der Hälfte der Garzeit den Fisch vorsichtig wenden.

Inzwischen für das *agrodolce* rote Zwiebel, Kapern und Weißweinessig in einer kleinen Schüssel vermengen.

Kartoffeln und Fisch auf einer großen Servierplatte anrichten oder auf einzelne Teller verteilen (auf bunten Kartoffelmix achten). Die nach Kräutern duftende Garflüssigkeit aus der Pfanne darüberträufeln und dann mit dem Zwiebel-*agrodolce* krönen.

SOGLIOLA CON SPECK E CIPOLLOTTI

SEEZUNGENFILET MIT SPECK UND CIPOLOTTI-ZWIEBELN

Seezunge ist ein zarter Fisch, der hervorragend zum leichten Räucheraroma des Südtiroler Specks passt. Wer will, kann diesen auch durch etwas milderen Parmaschinken ersetzen. *Cipolotti* sind eine große Frühlingszwiebelsorte, die bei manchen Gemüsehändlern erhältlich ist. Ansonsten nehmen Sie einfach die dicksten Frühlingszwiebeln, die Sie finden können, oder Schalotten bzw. Lauch. Dieses schlichte Gericht ergibt eine eindrucksvolle Hauptmahlzeit, besonders für Gäste.

Zubereitungszeit: 25–30 Minuten (inkl. Vorbereitung)

Für 2–4 Personen

250 g Seezungenfilet ohne Haut
Meersalz und schwarzer Pfeffer aus der Mühle
4 Scheiben Südtiroler Speck
1 gehäufter EL Butter
2 EL natives Olivenöl extra
150 g *cipolotti* (Frühlingszwiebelsorte), geputzt und halbiert
80 ml Weißwein

Seezungenfilets der Länge nach halbieren und von beiden Seiten leicht mit Salz und Pfeffer würzen. Speckscheiben nebeneinander auf ein Küchenbrett legen und jeweils 1 Filet darauf platzieren. Mit dem Speck umwickeln und beiseitestellen.

Butter und 1 EL Olivenöl bei hoher Temperatur in einer großen Pfanne erhitzen. *Cipolotti* zufügen und 1 Minute anschwitzen. 50 ml Wein zugießen und einen Deckel auflegen. Auf mittlere Hitze reduzieren und 4–5 Minuten garen, bis die Frühlingszwiebeln allmählich weich werden. Aus der Pfanne nehmen und warm halten.

Restliches Olivenöl in die Pfanne geben. Seezungenfilets zufügen, einen Deckel auflegen und bei mittlerer Temperatur 10 Minuten braten. Nach der Hälfte der Garzeit vorsichtig wenden. Die Hitze erhöhen, den restlichen Wein zugießen und reduzieren lassen. Vom Herd nehmen und sofort mit den *cipolotti* servieren.

FILETTI DI TROTA ALLA VENDEMIA

GEBACKENE FORELLE MIT TRAUBEN IN ROTWEINSAUCE

Im Italienischen erinnert dieser Rezepttitel an die Erntezeit. In Weinanbaugebieten würde man ein derartiges Gericht eher mit Fleisch zubereiten. Ich bin allerdings der Ansicht, dass Forellenfilets mit ihrem kräftigen Geschmack genauso gut dazu passen. Das knackige Gemüse, die weichen, süßen Trauben und die leicht herbe Weinsauce ergänzen sich wunderbar. Beim Zubereiten schmeckt diese vielleicht etwas bitter – doch zusammen mit dem Fisch wird sie auch Sie überzeugen!

Zubereitungszeit: 30 Minuten (ohne Vorbereitung des Gemüses)

Für 4 Personen

4 Forellenfilets (à ca. 150 g)
Meersalz und schwarzer Pfeffer aus der Mühle
50 g Butter
1 Zwiebel, in feine Ringe geschnitten
2 Stangen Staudensellerie, in feine Ringe geschnitten
1 große Karotte, geschält und in dünne Stäbchen geschnitten
2 Lorbeerblätter
2 Thymianzweige
200 g weiße Trauben
200 g rote Trauben
30 g Pinienkerne
20 g Weizenmehl
300 ml Rotwein

Den Backofen auf 160 °C (Umluft)/180 °C (Ober- und Unterhitze) vorheizen.

Die Forellenfilets in eine feuerfeste Form legen und mit ein wenig Salz und Pfeffer würzen.

30 g Butter bei mittlerer Temperatur in einer Pfanne zerlassen. Gemüse, Kräuter und Trauben zugeben und 3 Minuten anschwitzen. Auf dem Fisch verteilen und mit Pinienkernen bestreuen. Mit Alufolie abdecken und 20 Minuten backen.

Inzwischen für die Sauce die restlichen 20 g Butter bei mittlerer Temperatur in einem kleinen Topf zerlassen. Vom Herd nehmen und das Mehl mit dem Schneebesen gut einrühren, bis sich alle Klümpchen aufgelöst haben. Einige Esslöffel Rotwein zugeben und weiter verquirlen. Erneut auf den Herd stellen, nach und nach unter ständigem Quirlen den restlichen Wein zugießen und kochen, bis die Sauce andickt.

Den Fisch aus dem Backofen nehmen, Lorbeerblätter und Thymianzweige entfernen, die Filets vorsichtig auf Teller verteilen und mit der Weinsauce servieren.

BRANZINO CON FUNGHI

WOLFSBARSCH MIT EGERLINGEN

Ursprünglich wollte ich für dieses Rezept frische *porcini* (Steinpilze) verwenden – allerdings war gerade keine Steinpilzsaison. Dafür fand ich eine neue Züchtung mit dem Namen *forestiere*: Die Pilze ähneln großen, braunen Champignons, sind aber im Geschmack etwas intensiver und erinnern an Waldpilze. Sie passen hervorragend zu Wolfsbarsch. Sollten *forestiere* nicht erhältlich sein, nehmen Sie einfach weiße oder braune Champignons oder im Herbst natürlich Steinpilze. Das Gericht ist ganz fix zubereitet und gelingt leicht. Mit gekochten Babykartoffeln schmeckt es besonders köstlich.

Zubereitungszeit: 15 Minuten (ohne Vorbereitung)

Für 4 Personen

3 EL natives Olivenöl extra,
plus 1 Spritzer extra
2 Knoblauchzehen, fein gehackt
150 g Egerlinge/braune Champignons,
geputzt und in dünne Scheiben geschnitten
Meersalz und schwarzer Pfeffer aus der Mühle
240 g Kirschtomaten, halbiert
1 Handvoll frische Petersilie, grob gehackt
30 g Butter
4 Wolfsbarschfilets (à ca. 125 g)

Olivenöl in einer Pfanne erhitzen, Knoblauch zufügen und bei mittlerer Temperatur 1 Minute anschwitzen. Pilze zugeben, mit Salz und Pfeffer würzen und unter Rühren 1 Minute braten. Herausnehmen und beiseitestellen.

Tomaten mit 1 Spritzer Olivenöl in dieselbe Pfanne geben und 2 Minuten sautieren. Pilze zufügen und weitere 2 Minuten braten. Petersilie unterrühren und den Herd ausschalten.

Inzwischen die Butter in einer größeren Pfanne zerlassen. Fischfilets mit der Haut nach unten hineinlegen, mit Salz und Pfeffer würzen und bei mittlerer Temperatur 5 Minuten braten. Filets vorsichtig wenden und weitere 2 Minuten garen.

Den Fisch mit der Pilzmischung servieren.

FILETTI DI PLATESSA CON BURRO, LIMONE E CAPPERI

SCHOLLENFILETS MIT BUTTER, ZITRONE UND KAPERN, DAZU BABYKARTOFFELN

Bevor ich nach England kam, kannte ich keine Scholle. Doch hier stand sie auf den Speisekarten zahlloser Fish & Chips-Shops. In Italien werden Fischgerichte oft mit Sardellenfilets und Kapern verfeinert, weshalb ich diese typisch italienischen Zutaten mit dem klassisch englischen Fisch vereinen wollte. Kapern und Zitronensaft ergänzen sich aufs Beste und verleihen dem Ganzen eine frische Note. Die Scholle sollte aufgrund der Sardellen und Kapern nicht zu stark gesalzen werden. Als Beilage empfehle ich gekochte Babykartoffeln mit Minze – so erhalten wir ein wunderbar leichtes Gericht. Ich tunke am Schluss gerne die buttrige Zitronensauce mit etwas Brot auf!

Zubereitungszeit: 15–20 Minuten (inkl. Vorbereitung)

Für 2–4 Personen

500 g Babykartoffeln, gewaschen und geputzt
4 Schollenfilets (à ca. 180 g)
Meersalz
90 g Butter, plus ein Stück extra für die Kartoffeln
2 Sardellenfilets, fein gehackt
2 EL Kapern in Lake (bei in Salz eingelegten Kapern das Salz komplett abspülen)
frisch gepresster Saft von 1 großen Bio-Zitrone
1 EL gehackte frische Petersilie
1 Handvoll frische Minzeblätter, fein gehackt

Die Kartoffeln in einem großen Topf mit Wasser zum Kochen bringen und 10 Minuten garen.

Inzwischen die Schollenfilets mit ganz wenig Salz würzen. 30 g Butter bei mittlerer Temperatur in einer großen Pfanne zerlassen. Die Sardellen zufügen und einige Minuten sautieren, bis sie zerfallen. Die Schollenfilets jeweils mit den Fingerspitzen festhalten, beidseitig in die Buttermischung tunken und dann mit der Haut nach unten in die Pfanne legen. Die Kapern, die Hälfte des Zitronensafts, weitere 30 g Butter und die Petersilie zugeben und 2–3 Minuten braten, bis der Fisch gar ist. Die Schollen auf einen Servierteller legen und beiseitestellen. Die Hitze erhöhen, restliche Butter in die Pfanne geben und unter Rühren zerlassen. Dann vom Herd nehmen und zusammen mit dem übrigen Zitronensaft über die Schollenfilets gießen.

Die Kartoffeln abseihen, in etwas Butter mit Minze schwenken und sofort mit dem Fisch servieren.

CALAMARI ALLE OLIVE

CALAMARI MIT OLIVEN

Dieses traditionelle Gericht aus Süditalien lassen Sie sich am besten mit ein paar Freunden schmecken. Servieren Sie dazu getoastetes Bauernbrot, mit dem Ihre Gäste die Tomatensauce auftunken können.

Zubereitungszeit: 25 Minuten

Für 4–6 Personen

1 kg Calamari (Tintenfischtuben)
4 EL natives Olivenöl extra
2 Schalotten, fein gehackt
2 Knoblauchzehen, fein gehackt
1 Handvoll frische Petersilie, fein gehackt
Meersalz und schwarzer Pfeffer aus der Mühle
100 ml Weißwein
240 g Tomatenpassata
200 g schwarze Oliven
Bauernbrot, getoastet, zum Servieren

Die Tintenfischtuben unter fließendem kalten Wasser abspülen, mit Küchenpapier trocken tupfen und in Ringe schneiden.

Das Olivenöl bei mittlerer Temperatur in einem großen Topf erhitzen. Schalotten, Knoblauch und Petersilie zugeben und einige Minuten anschwitzen. Die Calamari-Ringe zufügen, mit Salz und Pfeffer würzen und vermengen. Hitze erhöhen und 1 Minute unter Rühren braten. Den Weißwein zugießen und reduzieren lassen. Tomatenpassata und Oliven hineingeben und einen Deckel auflegen. Die Herdplatte auf eine niedrigere Stufe stellen und 15 Minuten garen. Mit dem Brot als Beilage sofort servieren.

SALMONE CON FINOCCHIO

LACHS MIT FENCHEL

Lachs und Fenchel sind ideale Partner – mit der cremigen Sauce ergeben sie ein sehr schmackhaftes Gericht, das im Nu zubereitet ist. Der mit Mehl panierte, gebratene Lachs bleibt außen trotzdem knusprig und passt so perfekt zum leicht knackigen Fenchel.

Zubereitungszeit: 30 Minuten (inkl. Vorbereitung)

Für 4 Personen

2 Fenchelknollen
Abrieb und frisch gepresster Saft von
1 Bio-Zitrone
4 Lachsfilets (à ca. 110 g)
Meersalz und schwarzer Pfeffer aus der Mühle
Weizenmehl zum Panieren
80 g Butter
1 Spritzer Weißwein
100 ml Schlagsahne
30 g geriebener Parmesan

Den Backofen auf 200 °C (Umluft)/220 °C (Ober- und Unterhitze) vorheizen.

Das Fenchelgrün abschneiden und beiseitestellen. Jede Knolle in 8 Segmente zerteilen, in gesäuertes Wasser (mit Zitronensaft) legen und beiseitestellen.

Jedes Lachsfilet in 4 Stücke schneiden, mit Salz und Pfeffer würzen und im Mehl wenden. 40 g Butter bei mittlerer Temperatur in einer Pfanne erhitzen. Die Lachsstücke zugeben und von beiden Seiten 3–4 Minuten anbraten. Weißwein zugießen, den Fisch nach 1 Minute herausnehmen und beiseitestellen.

Die restliche Butter in derselben Pfanne zerlassen, die abgetropften Fenchelstücke hineingeben und mit Salz und Pfeffer würzen. Bei mittlerer bis hoher Temperatur einige Minuten von beiden Seiten sautieren.

Schlagsahne, Parmesan und Zitronenabrieb zufügen und ebenfalls mit etwas Salz und Pfeffer würzen.

Den Fenchel in eine feuerfeste Form legen, die Lachsstücke darauf verteilen und die cremige Sauce darübergießen. Im heißen Backofen 5 Minuten goldbraun backen. Mit dem Fenchelgrün bestreuen und servieren.

PESCATRICE IN PADELLA CON SALSA DI ALLORO

SEETEUFEL AUS DER PFANNE MIT LORBEER-SCHALOTTEN-SAUCE

Unkompliziert und schnell: Während der Seeteufel gart, können Sie schon die Sauce vorbereiten. Ich serviere dazu gerne ein paar Scheiben knuspriges Brot, um sie später auftunken zu können. Unbedingt einen trockenen, spritzigen Weißwein von guter Qualität verwenden, da die Sauce sonst einen bitteren Nachgeschmack bekommt. Wer will, kann statt Seeteufel auch Kabeljau oder Seehecht nehmen.

Zubereitungszeit: 20 Minuten

Für 2–4 Personen

2 Seeteufelschwänze (insgesamt ca. 650 g)
Meersalz und schwarzer Pfeffer aus der Mühle
5 EL natives Olivenöl extra
3 Sardellenfilets

Für die Sauce:
1 TL Speisestärke
350 ml Weißwein
8 EL natives Olivenöl extra
8 Lorbeerblätter, fein geschnitten
2 Schalotten, fein gehackt
2 Knoblauchzehen, fein gehackt
1 Handvoll Petersilie, fein gehackt

Die beiden Seeteufelschwänze halbieren und die 4 Fischstücke mit Salz und Pfeffer würzen.

Olivenöl bei mittlerer Temperatur in einer Pfanne erhitzen. Die Sardellenfilets zugeben und braten, bis sie zerfallen. Dann die Seeteufelstücke zufügen und von jeder Seite 5 Minuten sautieren.

Inzwischen die Speisestärke mit dem Weißwein verquirlen und beiseitestellen. Das Olivenöl bei mittlerer Temperatur in einem kleinen Topf heiß werden lassen, Lorbeerblätter, Schalotten und Knoblauch zufügen und 4 Minuten anschwitzen. Die Petersilie unterrühren und die Weißweinmischung hineingießen. Die Hitze erhöhen und 5–6 Minuten kochen, bis die Sauce andickt. Vom Herd nehmen, mit Salz und Pfeffer würzen und mit dem Seeteufel servieren.

RAZZA CON POMODORINI, AGLIO E BASILICO

ROCHEN MIT KIRSCHTOMATEN, KNOBLAUCH UND BASILIKUM

Ich liebe Rochen – wenn einer beim Fischhändler in der Auslage liegt, muss ich ihn einfach haben! Meist bereite ich ihn auf diese typisch süditalienische Art zu. Mit ein paar Scheiben getoastetem Bauernbrot wird eine ordentliche Mahlzeit für zwei daraus. Gibt es noch weitere Gänge, reicht der Rochen sogar für 3 Personen. So können Sie die Sauce z. B. mit *linguine* oder *spaghetti* servieren und den Fisch als Hauptgang anbieten. Die gekochte Pasta gibt man dann am Ende zu, wenn die Sauce reduziert wird.

Zubereitungszeit: 20 Minuten (inkl. Vorbereitung)

Für 2 Personen

1 großer Rochenflügel (ca. 500 g)
Meersalz und schwarzer Pfeffer aus der Mühle
6 EL natives Olivenöl extra
4 Knoblauchzehen,
in feine Scheiben geschnitten
¼ frische rote Chilischote, fein gehackt
2 TL Kapern
400 g Datteltomaten, halbiert
250 ml frisch aufgekochtes Wasser
2 EL Weißwein
1 Handvoll Basilikumblätter
2–4 Scheiben Sauerteigbrot, getoastet

Den Rochenflügel von beiden Seiten mit Salz und Pfeffer würzen.

Das Olivenöl bei mittlerer Temperatur in einer Pfanne erhitzen, die groß genug für das Rochenstück ist (notfalls den Fisch zerteilen, damit er hineinpasst). Knoblauch, Chili und Kapern zufügen und 30 Sekunden anschwitzen. Dann die Tomaten zugeben und weitere 30 Sekunden braten. Heißes Wasser, Wein, Basilikum und etwas Salz unterrühren und 3 Minuten köcheln. Den Rochenflügel zufügen, einen Deckel auflegen und 10–12 Minuten kochen, bis er gar ist. Nach der Hälfte der Zeit den Rochen wenden.

Den Fisch vorsichtig von der Pfanne auf einen Servierteller heben. Hitze erhöhen und die Tomatensauce einige Minuten reduzieren lassen. Vom Herd nehmen, die Sauce auf den Rochenstücken verteilen und mit getoastetem Sauerteigbrot servieren.

FLEISCH

Was die Fleischeslust angeht kann ich einem schön saftigen, englisch gebratenen Steak *ai ferri* (also ohne Fett gegrillt oder gebraten) kaum widerstehen. Es ist im Nu zubereitet und ergibt mit einem gemischten Salat und etwas Brot eine herrliche Mahlzeit!

Bei Fleisch zum Kurzbraten ist es enorm wichtig, bestes Biofleisch aus einwandfreier Haltung zu kaufen. Es ist eine hervorragende Eiweißquelle, man muss es allerdings nicht jeden Tag essen. Ich erinnere mich da gerne an meine Kindheit, als Fleisch nur sonntags und an Feiertagen auf den Tisch kam: Doch es war immer von guter Qualität, und meist kannten wir sogar den Bauern. Wir wussten also nicht nur, wo unser Fleisch herkam, sondern genossen auch noch ein Stück voller Aroma, das kaum gewürzt werden musste.

In Italien serviert man meist ein kleines Stück Fleisch als Hauptgang nach dem üblichen *primo* aus Pasta, Risotto oder Suppe. Zu den beliebten Alltagsfleischgerichten zählen *scaloppine* vom Kalb oder Schwein, die schnell in Butter ausgebraten und mit 1 Spritzer Zitronensaft verfeinert werden. Es ist in Italien sogar recht üblich, zu gebratenem oder gegrilltem Fleisch Zitronenspalten zu reichen.

Cotoletta impanatta ist ein weiteres schnelles Gericht: Es besteht aus dünnen Schnitzeln von Kalb, Schwein, Hähnchen oder Pute, die mit Semmelbröseln paniert und gebraten werden. Kinder lieben es ebenso wie Erwachsene! *La bistecca* (Steak) wird immer gern gegessen und im Sommer brät man Fleisch mit Familie und Freunden selbstverständlich *alle brace* (auf dem Grill).

SALTIMBOCCA DI POLLO

HÄHNCHEN-SALTIMBOCCA MIT FONTINA, PARMASCHINKEN UND SALBEI

Diese klassisch römische Spezialität verdankt ihren Namen dem unwiderstehlichen Geschmack – *saltimbocca* bedeutet nämlich »hüpft in den Mund«. Das beliebte Gericht wurde ursprünglich mit Kalbfleisch zubereitet, aber mit Schweine- oder Hähnchenfleisch schmeckt es ebenso gut. Die Geflügelscheiben müssen hier nicht gewürzt werden, da der Schinken bereits salzig ist und Salbei und Fontina ihnen reichlich Aroma verleihen. Servieren Sie es mit gekochten Kartoffeln und gedämpftem Gemüse als Mittag- oder Abendessen.

Zubereitungszeit: 15 Minuten (falls die Hähnchenbrust bereits aufgeschnitten ist)

Für 4 Personen

350 g Hähnchenbrust, in 8 dünne Scheiben geschnitten (einfach den Metzger um Hilfe bitten)
8 große Salbeiblätter
50 g Fontina, in 8 feine Scheiben geschnitten
8 Scheiben Parmaschinken (insgesamt ca. 125 g)
50 g Butter
50 ml Weißwein

Die Hähnchenscheiben auf einem Brett verteilen (sie sollten max. 5 mm dick sein – falls nötig, mit dem Fleischklopfer nacharbeiten). Jeweils 1 Salbeiblatt in die Mitte legen, darauf je 1 Scheibe Fontina und 1 Scheibe Parmaschinken. Dieser sollte den Käse überlappen. Falls die Hähnchenscheiben recht klein sind, kann man den Schinken zusammenfalten und doppelt nehmen. Mit einem Zahnstocher feststecken, damit nichts herausfällt.

30 g Butter bei mittlerer Temperatur in einer großen Pfanne zerlassen. Die *saltimbocca* mit dem Hähnchenfleisch nach unten hineinlegen und 2 Minuten anbraten. Wenden und Vorgang nach 2 Minuten wiederholen. Hitze erhöhen und den Weißwein zugießen. Nach 1 Minute das Fleisch herausnehmen und auf einem Teller anrichten. Die restliche Butter in der Pfanne schmelzen und 30 Sekunden erhitzen, bis sie schaumig wird. Über die *saltimbocca* gießen und sofort servieren.

COSTOLLETTE DI AGNELLO ALL'ACCIUGA

LAMMKOTELETTS MIT SARDELLENAROMA

Lammfleisch und Sardellen harmonieren prächtig, besonders bei diesem schnellen Gericht, für das ich Koteletts verwende. Je nachdem, ob Sie diese mit oder ohne Knochen kaufen, kann das Gewicht unterschiedlich ausfallen. Dieses Rezept eignet sich auch als besondere Mahlzeit für Gäste. Dazu passt Couscous oder gutes Brot zum Auftunken der Sauce.

Zubereitungszeit: 25 Minuten

Für 4 Personen

8 Lammkoteletts (insgesamt ca. 800 g)
3 EL natives Olivenöl extra
80 ml Weißwein
2 Knoblauchzehen,
in feine Scheiben geschnitten
Nadeln von 2 Rosmarinzweigen
Blättchen von 2 Thymianzweigen
7 Sardellenfilets
2 EL Weißweinessig

Die Lammkoteletts in einer Schale mit 1 EL Olivenöl beträufeln und mit dem Wein übergießen. Knoblauch und Kräuter darüberstreuen und 15 Minuten marinieren.

Das restliche Olivenöl bei mittlerer Temperatur in einer großen Pfanne erhitzen, die Sardellenfilets zugeben und vorsichtig erwärmen, bis sie zerfallen. Die Hitze erhöhen und die Koteletts von beiden Seiten anbraten. Die Marinade zufügen und einen Deckel auflegen. Auf mittlere Hitze reduzieren und 5 Minuten sautieren. Dabei gelegentlich wenden.

Das Fleisch herausnehmen und auf einem Servierteller anrichten. Den Essig bei mittlerer Temperatur in die Sauce einrühren. Über die Koteletts gießen und servieren.

COTOLETTE DI MAIALE RIPIENE DI SOTT'OLI

PANIERTE SCHWEINESTEAKS GEFÜLLT MIT EINGELEGTEM GEMÜSE

Bei uns zu Hause wird paniertes Fleisch immer gern gegessen, besonders von den Kindern. Meine Schwester Adriana kam auf die Idee, die Schweinesteaks mit meinem selbst eingelegten Gemüse zu füllen, um sie raffinierter zu machen. Damit nichts herausquillt, wird das Fleisch gleich 2 Mal in Ei und Semmelbröseln gewendet, wodurch es knuspriger wird und noch besser schmeckt. Der Tomatensalat mit Oregano (S. 28) passt perfekt dazu. Wer will, kann noch Zitronenspalten dazureichen oder die Steaks kalt als Sandwichbelag verwenden.

Zubereitungszeit: 25 Minuten (inkl. Vorbereitung)

Für 4 Personen

4 Schweinesteaks (insgesamt ca. 500 g)
180 g eingelegte Artischocken (Abtropfgewicht), sehr fein gehackt
6 in Öl eingelegte sonnengetrocknete Tomaten, sehr fein gehackt
8 schwarze Oliven, sehr fein gehackt
4 Bio-Eier
10 g geriebener Parmesan
Meersalz und schwarzer Pfeffer aus der Mühle
320 g Semmelbrösel
60 g Butter
8 EL Sonnenblumenöl
Zitronenspalten zum Servieren (nach Belieben)

Die Schweinesteaks horizontal halbieren, sodass 8 dünne Scheiben entstehen. Auf ein Brett legen und mit dem Fleischklopfer möglichst flach klopfen. Oder beim Einkauf den Metzger darum bitten, um Zeit zu sparen.

4 Fleischstücke mit den Artischocken, Tomaten und Oliven belegen. Dann mit den restlichen Scheiben Fleisch bedecken und gut zusammenpressen.

Die Eier in einer Schüssel leicht verquirlen und mit dem Parmesan vermengen. Mit ein wenig Salz und Pfeffer würzen. Das Paniermehl auf einem flachen Teller verteilen. Die gefüllten Schweinesteaks zuerst vorsichtig in die Eimischung tauchen und dann in den Semmelbröseln wenden. Nochmals wiederholen, sodass alle Steaks doppelt paniert sind.

Butter und Öl bei mittlerer bis hoher Temperatur in einer großen Pfanne erhitzen und die Fleischpäckchen von jeder Seite 5 Minuten braten. Herausnehmen und auf Küchenpapier abtropfen lassen. Mit Zitronenspalten und Tomatensalat servieren.

FEGATO CON CIPOLLE E UVETTA CON POLENTA SVELTA

KALBSLEBER MIT ZWIEBELN UND SULTANINEN, DAZU INSTANT-POLENTA

Ich liebe Kalbsleber! Sie ist richtig gesund, da sie im Gegensatz zu den meisten anderen Fleischstücken kein Fett enthält. Außerdem ist sie schnell zubereitet und schmeckt exzellent. Dies ist meine Version der klassischen *Fegato alla Veneziana*, bei der die Zwiebeln bei niedriger Temperatur gedämpft werden, bis sie glasig und weich sind. Die Sultaninen bringen hier etwas Süße ins Spiel. Falls Sie keine Kalbsleber bekommen, nehmen Sie stattdessen einfach Schweine- oder Lammleber. Dazu passt Polenta oder auch Kartoffelpüree.

Zubereitungszeit: 25 Minuten (ohne Vorbereitung)

Für 4 Personen

20 g Sultaninen
100 ml Weißwein
4 EL natives Olivenöl extra
2 EL Butter
2 große Zwiebeln, in feine Ringe geschnitten
Meersalz und schwarzer Pfeffer aus der Mühle
450 g Kalbsleber,
in fingerdicke Stücke geschnitten
1 Handvoll Petersilie, fein gehackt

Für die Polenta:
200 g Instant-Polentagrieß
1 Stück Butter
Meersalz (nach Belieben)

Die Sultaninen im Wein einweichen und beiseitestellen.

Olivenöl und Butter bei niedriger bis mittlerer Temperatur in einer Pfanne erhitzen. Die Zwiebeln darin 2 Minuten anschwitzen. 2 EL Wasser zugeben und mit Salz und Pfeffer würzen. Einen Deckel auflegen und bei niedriger Temperatur 10 Minuten sautieren, bis die Zwiebeln weich, aber noch nicht angebräunt sind. Herausnehmen und beiseitestellen.

Dieselbe Pfanne auf mittlere bis starke Hitze erhöhen und die Leberstücke zugeben. Salzen und pfeffern und gut anbräunen. Hitze reduzieren und abgedeckt 7 Minuten braten.

Inzwischen die Polenta in 800 ml Wasser nach Packungsanweisung zubereiten. Gegen Ende ein Stück Butter und ein wenig Salz zufügen.

Die Temperatur für die Leber wieder erhöhen, die Sultaninen mit dem Weißwein hineingießen und 1 Minute reduzieren lassen. Petersilie und Zwiebeln zugeben, 1 Minute erhitzen und dann mit der Polenta servieren.

INVOLTINI DI MAIALE

SCHWEINEFLEISCH-INVOLTINI

Diese schnellen *involtini* sind mit Kräutern und Knoblauch gefüllt. Geschmacklich erinnern mich die Schweinefleischrouladen an das delikate Aroma von *porchetta*. Bitten Sie den Metzger, die Schnitzel dünn abzuschneiden und mit dem Fleischklopfer flach zu klopfen. Besonders gut schmecken sie mit gekochten Kartoffeln und grünem Salat.

Zubereitungszeit: 30 Minuten (inkl. Vorbereitung)

Für 2–4 Personen

4 dünne Schweineschnitzel oder
4 Minutensteaks (à ca. 140 g)
Meersalz und schwarzer Pfeffer aus der Mühle
1 Handvoll Salbeiblätter, sehr fein gehackt
Nadeln von 1 Rosmarinzweig,
sehr fein gehackt
2 Knoblauchzehen, sehr fein gehackt
Abrieb von ½ Bio-Zitrone
10 g geriebener Parmesan
2 EL natives Olivenöl extra
60 ml Weißwein

Die Schweineschnitzel auf ein Küchenbrett legen, überschüssiges Fett abschneiden und, falls nötig, mit dem Fleischklopfer möglichst flach klopfen. Mit Salz und Pfeffer würzen und mit Kräutern, Knoblauch, Zitronenabrieb und Parmesan bestreuen. Vorsichtig zu 4 *involtini* aufrollen und mit Zahnstochern feststecken.

Das Olivenöl bei hoher Temperatur in einer großen Pfanne erhitzen, das Fleisch zugeben und von beiden Seiten leicht anbraten. Den Weißwein zugießen und einen Deckel auflegen. Die Hitze reduzieren und 15 Minuten garen. Vom Herd nehmen und die *involtini* mit dem Fleischsaft aus der Pfanne servieren.

SCALOPPINE DI VITELLO CON PORRI E ARANCIE SANGUINELLO

KALBSSCHNITZEL AUS DER PFANNE MIT LAUCH UND BLUTORANGEN

Scaloppine vom Kalb werden in Italien gerne gegessen, wenn es schnell gehen muss. Traditionell brät man sie mit Butter, Salbei und Zitronensaft. Ich habe hier frischen Thymian und sizilianische Blutorangen verwendet, die dem Fleisch eine wunderbar säuerliche Note verleihen. Leider sind Blutorangen nur im Januar und Februar erhältlich – außerhalb der Saison kann man normale Orangen nehmen. Sie sparen sich durch den Lauch die Zubereitung einer Beilage. Mit knusprigem Brot zum Auftunken der köstlichen Sauce servieren.

Zubereitungszeit: 20 Minuten

Für 4 Personen

5 kleine Bio-Blutorangen
(Abrieb von 2, Saft von 1 Blutorange,
die restlichen 4 in Filets zerteilen)
2 EL Weizenmehl
Meersalz und schwarzer Pfeffer aus der Mühle
4 Kalbsschnitzel (à ca. 100 g)
120 g Butter
2 Lauchstangen, geputzt
und in feine Ringe geschnitten
4 frische Thymianzweige
100 ml Weißwein

Den Orangenabrieb in einer Schüssel mit dem Mehl vermengen und mit Salz und Pfeffer würzen.

Schnitzel auf ein Küchenbrett legen und, falls nötig, mit dem Fleischklopfer flach klopfen. In der Mehlmischung wenden und überschüssiges Mehl abschütteln.

Die Hälfte der Butter bei mittlerer Temperatur in einer großen Pfanne zerlassen. Lauch zufügen und 1 Minute anschwitzen. Herausnehmen und beiseitestellen.

Restliche Butter bei mittlerer Temperatur in derselben Pfanne zerlassen, Thymian zugeben und 1 Minute anschwitzen, bis er sein Aroma entfaltet. Hitze erhöhen und Schnitzel von beiden Seiten leicht anbraten. Darauf achten, dass das Fleisch nicht anbrennt. Wein zugießen und zur Hälfte reduzieren lassen. Lauch wieder in die Pfanne geben. Blutorangensaft und die Hälfte der Orangenfilets zufügen und 1 Minute garen, bis die Sauce andickt. Fleisch herausnehmen, auf einer Platte anrichten und die Sauce darübergießen. Mit den restlichen Orangenfilets garnieren und sofort servieren.

INVOLTINI DI BRESAOLA CON CAPRINO

BRESAOLA-PÄCKCHEN MIT ZIEGENKÄSE-SCHNITTLAUCH-FÜLLUNG

Speziell geräuchertes Rindfleisch aus der Region Valtellina in Norditalien wird *bresaola* genannt. Es ist sehr zart und wird meist als Antipasto mit Rucola, Parmesan, Olivenöl und Zitronensaft angerichtet. Noch köstlicher schmeckt der Rinderschinken allerdings mit der Ziegenkäsefüllung. Servieren Sie das Gericht als schnelles Antipasto oder als leichtes Hauptgericht.

Zubereitungszeit: 10 Minuten

Für 4 Personen

120 g weicher Ziegenkäse
1 EL natives Olivenöl extra,
  plus etwas mehr zum Beträufeln
1 Handvoll Schnittlauch, fein gehackt
Meersalz und schwarzer Pfeffer aus der Mühle
8 kleine Scheiben *bresaola* (insgesamt ca. 50 g)
frisch gepresster Saft von 1 Zitrone
8 Schnittlauchhalme
Rucola zum Servieren

Ziegenkäse, Olivenöl und Schnittlauch in einer Schüssel vermengen, mit etwas Salz und Pfeffer würzen und zu einer cremigen Paste verarbeiten.

Bresaola auf ein Küchenbrett legen und mit ein wenig Zitronensaft beträufeln. Jeweils einen kleinen Klecks Käsemischung darauf platzieren und zu einem Päckchen wickeln. Jedes mit einem Schnittlauchhalm zusammenbinden. Mit Rucola garnieren, mit je 1 Spritzer Olivenöl und restlichem Zitronensaft verfeinern und servieren.

FILETTI DI POLLO IN PADELLA

MINI-HÄHNCHENSCHNITZEL AUS DER PFANNE

Die in fast jedem Supermarkt erhältlichen Mini-Hähnchenschnitzel sind vielseitig verwendbar und schnell gar. Man kann sie für Pfannengerichte und Eintöpfe nehmen oder sie paniert als Chicken Nuggets servieren. Dies ist eine Schnellversion des klassischen Hähnchengerichts *cacciatora*. Servieren Sie dazu gutes Bauernbrot oder gekochte Babykartoffeln. Damit es noch schneller geht, können Sie auch bereits geschnittenes Gemüse kaufen.

Zubereitungszeit: 25 Minuten (inkl. Vorbereitung)

Für 4 Personen

3 EL natives Olivenöl extra
1 Zwiebel, in feine Ringe geschnitten
½ frische rote Chilischote, fein gehackt
2 Stangen Staudensellerie, fein gehackt
1 große Karotte, geschält und fein gewürfelt
2 Rosmarinzweige
500 g Mini-Hähnchenschnitzel
Meersalz und schwarzer Pfeffer aus der Mühle
80 ml Weißwein
200 g Datteltomaten
1 Handvoll Basilikumblätter

Das Olivenöl bei mittlerer Temperatur in einer Pfanne erhitzen. Zwiebel, Chili, Sellerie, Karotte und Rosmarin 2–3 Minuten darin anschwitzen. Die Hähnchenschnitzel zufügen, mit Salz und Pfeffer würzen und unter Rühren rundum leicht anbraten. Den Weißwein hineingießen und reduzieren lassen. Tomaten und Basilikum zugeben und die Hitze auf eine niedrigere Stufe stellen. 12–15 Minuten abgedeckt köcheln lassen, bis das Hähnchenfleisch gar ist.

POLPETTONE FARCITO

ADRIANAS GEFÜLLTER HACKBRATEN

Dieses Gericht erinnert mich an die Fleischbällchen aus meiner Kindheit. Allerdings muss man sie geduldig einzeln rollen. Wenn es meine Mutter eilig hatte, kochte sie stattdessen einen Hackbraten. Dieses Rezept stammt von meiner Schwester Adriana – ihr Hackbraten ist mit Mortadella, Mozzarella und hartgekochten Eiern gefüllt. Er ist im Nu zubereitet und ergibt mit Babykartoffeln und einem grünen Salat eine sättigende Mahlzeit.

Zubereitungszeit: 40 Minuten

Für 4 Personen

3 Bio-Eier
250 g hochwertiges Rinderhack
60 g altbackenes Brot, in etwas Milch eingeweicht
10 g geriebener Parmesan
1 EL Petersilie, fein gehackt
Nadeln von 1 Rosmarinzweig, fein gehackt
Meersalz und schwarzer Pfeffer aus der Mühle
2 Scheiben Mortadella (insgesamt ca. 25 g)
70 g harter Mozzarella, in dünne Scheiben geschnitten
verquirltes Bio-Ei aus 1 Eigelb und 1 EL Milch
Semmelbrösel zum Panieren

Papierbackform

Den Backofen auf 220 °C (Umluft)/240 °C (Ober- und Unterhitze) oder auf höchster Stufe vorheizen.

2 Eier hart kochen (ca. 7–8 Minuten). Dann abseihen, abschrecken, schälen und längs halbieren.

Inzwischen Rinderhack, Brot, Parmesan, Petersilie, Rosmarin und 1 rohes Ei vermengen und mit Salz und Pfeffer würzen. Ein Stück Klarsichtfolie auf die Arbeitsfläche legen, die Hackfleischmasse darauf verteilen und zu einem flachen Rechteck formen. Zuerst die Mortadella darauflegen, dann die Mozzarellascheiben und die hartgekochten Eier. Mithilfe der Klarsichtfolie einrollen, anschließend vorsichtig abziehen und wegwerfen.

Den Hackbraten mit dem verquirlten Ei bestreichen und mit den Semmelbröseln bestreuen. In eine Papierbackform füllen (so behält der Braten seine Form) und auf ein Backblech legen. 25 Minuten braten. Dabei die Temperatur nach 10 Minuten auf 200 °C (Umluft)/220 °C (Ober- und Unterhitze) reduzieren.

Herausnehmen und mit Babykartoffeln und grünem Salat servieren.

BISTECCHE IN SALSA

STEAKS IN KRÄUTER-TOMATEN-SAUCE

Während meiner Kindheit gab es dieses schnelle Abendessen oft in den Spätsommermonaten, wenn die Tomaten reif und besonders aromatisch waren. Heutzutage wird dieses klassisch süditalienische Gericht das ganze Jahr über mit Tomaten aus der Dose zubereitet. Wenn Sie zusätzlich noch Pasta kochen, haben Sie für die ganze Familie eine schnelle Mahlzeit mit 2 Gängen.

Zubereitungszeit: 25–30 Minuten

Für 4 Personen

3 EL natives Olivenöl extra
4 dünne Rindersteaks
1 große Knoblauchzehe, fein gehackt
1 TL Kapern
60 g entkernte grüne Oliven
1 Dose stückige Tomaten (400 g)
1 Handvoll Basilikumblätter, plus einige mehr zum Garnieren (nach Belieben)
2 Thymianzweige
1 TL getrockneter Oregano
Meersalz und schwarzer Pfeffer aus der Mühle
400 g Pasta nach Wahl

Das Olivenöl bei mittlerer Temperatur in einer großen Pfanne erhitzen und die Steaks von beiden Seiten gut anbraten. Dann herausnehmen und beiseitestellen.

Den Knoblauch in dieselbe Pfanne geben und 30 Sekunden anschwitzen. Kapern und Oliven zufügen. Nach 30 Sekunden Tomaten, Basilikum, Thymian und Oregano zugeben, mit Salz und Pfeffer würzen und weitere 2 Minuten braten. Die Steaks wieder in die Pfanne legen und bei mittlerer Temperatur abgedeckt 20 Minuten in der Sauce köcheln lassen.

Inzwischen Wasser mit Salz in einem Topf zum Kochen bringen und die Pasta bissfest garen. Diese mit der Tomaten-Oliven-Sauce als Vorspeise und das Fleisch als Hauptgang servieren. Nach Belieben mit einigen gehackten Basilikumblättern garnieren.

GEMÜSE

Italien ist mit einer grandiosen Auswahl an Gemüse gesegnet. Jede Region hat ihre eigenen Sorten, aus denen jeweils die traditionellen Gerichte der Gegend zubereitet werden. Das mediterrane Klima und der Unterschied zwischen kühlerem Norden und wärmerem Süden bieten beste Voraussetzungen für den Anbau unterschiedlichster Produkte – im Norden sind dies eher verschiedene Arten von Wurzelgemüse, im Süden dagegen beispielsweise Tomaten, Paprikaschoten und Auberginen.

Italiener essen Gemüse nicht einfach nur als Beilage (obwohl immer saisonale Sorten oder ein Salat auf den Tisch kommen): Wir zaubern auch fantastische Hauptgerichte daraus. Der Ursprung dieser Rezepte liegt in der *cucina povera*: Früher mussten die ärmeren Leute mit den wenigen Zutaten auskommen, die sie zur Verfügung hatten. Doch daraus entstanden wunderbare Speisen! Das Gemüse wurde oft mit Resten und altbackenem Brot gefüllt und als sättigender Hauptgang gereicht – diese Gerichte sind heute noch beliebt und gelten als echte Delikatessen.

Gemüse ist sehr vielseitig und kann im Nu als köstliche Beilage oder Hauptgericht zubereitet werden. Es enthält zahlreiche wichtige Nährstoffe und Vitamine. Ein Leben ohne Gemüse kann ich mir außerdem gar nicht vorstellen.

Obwohl ich saisonale Sorten bevorzuge – sie sind nicht nur günstiger, sondern schmecken auch noch besser –, gibt es inzwischen die meisten das ganze Jahr über, was das Kochen ungemein erleichtert. Und wenn die Zeit wirklich drängt, nehmen Sie bereits vorbereitetes Gemüse wie geputzte Bohnen oder kleingeschnittene Paprikaschoten, die Sie sofort in die Pfanne werfen können.

FRITTATA CON PISELLI, PECORINO E MENTA

FRITTATA MIT ERBSEN, PECORINO UND FRISCHER MINZE

Wir Italiener essen abends gerne eine Frittata (meist als Hauptgericht nach einem Teller Pasta oder Suppe). Sie ist nährstoffreich, schnell und einfach zubereitet und kann am nächsten Tag kalt als *panino* zwischen 2 Brotscheiben gegessen werden. Servieren Sie dazu einen Tomatensalat mit Oregano (S. 28).

Zubereitungszeit: 15 Minuten

Für 4 Personen

3 EL natives Olivenöl extra
2 große *cipollotti* (extragroße Frühlingszwiebeln), fein gehackt
12 Minzeblätter
300 g TK-Erbsen
1 EL Wasser
8 Bio-Eier
2 EL Milch
1 EL Semmelbrösel
40 g Pecorino, gerieben
Meersalz und schwarzer Pfeffer aus der Mühle

Das Olivenöl bei mittlerer Temperatur in einer großen Pfanne mit Antihaftbeschichtung erhitzen. Zwiebeln und einige Minzeblätter 2 Minuten darin anschwitzen. Erbsen und Wasser zugeben und 2–3 Minuten braten, bis die Flüssigkeit verdunstet und das Gemüse weich ist.

Inzwischen Eier, Milch, Semmelbrösel, Pecorino, restliche Minzeblätter und etwas Salz und Pfeffer vermengen. Eimischung über die Erbsen gießen und wie ein Omelett braten, bis es fest und goldbraun ist, danach wenden. Sollte das nicht möglich sein, die Pfanne (falls backofentauglich) einige Minuten im Ofen unter den Grill stellen, bis die Frittata goldbraun und gar ist.

VERDURE MISTE STUFATE

EINTOPF MIT GEMISCHTEM GEMÜSE

Diesen schnellen, köstlichen Eintopf können Sie als Beilage zu Fleischgerichten oder als Hauptgang mit Reis oder Brot servieren. Wenn es noch schneller gehen soll, kaufen Sie die Gemüsesorten nach Möglichkeit bereits vorgeschnitten im Supermarkt.

Zubereitungszeit: 25 Minuten (ohne Vorbereitung des Gemüses)

Für 4 Personen

3 EL natives Olivenöl extra
1 kleine rote Zwiebel, in feine Ringe geschnitten
1 kleine Karotte, geschält und fein gewürfelt
½ rote Paprikaschote, in feine Streifen geschnitten
½ gelbe Paprikaschote, in feine Streifen geschnitten
½ grüne Paprikaschote, in feine Streifen geschnitten
200 g reife Tomaten, grob gehackt
100 g feine grüne Bohnen, geputzt
200 g Zucchini, in feine Scheiben geschnitten
200 g Aubergine, klein gewürfelt
1 mittelgroße Kartoffel, geschält und in kleine Stücke geschnitten
2 Rosmarinzweige
2 Thymianzweige
1 TL schwarze Pfefferkörner
200 ml Gemüsebrühe
½ Handvoll Petersilie, grob gehackt

Das Olivenöl bei mittlerer Temperatur in einem großen Topf erhitzen. Die Zwiebel 2 Minuten anschwitzen. Restliches Gemüse, Rosmarin, Thymian und Pfefferkörner zugeben und vermengen. 1 Minute braten, bis sich das Aroma entfaltet. Brühe zugießen, einen Deckel auflegen und 20 Minuten kochen.

Überprüfen Sie 5 Minuten vor dem Ende der Garzeit, ob noch zu viel Flüssigkeit im Topf ist. In diesem Fall die Hitze erhöhen und ohne Deckel weiterkochen, sodass das Wasser etwas reduziert wird. Vom Herd nehmen, Rosmarin- und Thymianzweige entfernen, die Petersilie unterrühren und servieren.

ZUCCHINI IN POMODORO

ZUCCHINI IN TOMATENSAUCE

Zucchini können etwas fade schmecken. Wenn man sie aber in Tomatensauce gart, bekommen sie mehr Aroma und ergeben eine schmackhafte Beilage zu Fleischgerichten. Oder Sie servieren sie einfach mit ein wenig knusprigem Brot.

Zubereitungszeit: 25 Minuten

Für 4 Personen

2 EL natives Olivenöl extra
1 Zwiebel, fein gehackt
50 g Pancetta, gewürfelt
500 g Zucchini, in kleine Stücke geschnitten
6 Basilikumblätter
200 g stückige Tomaten aus der Dose
Meersalz und schwarzer Pfeffer aus der Mühle

Das Olivenöl bei mittlerer Temperatur in einem großen Topf erhitzen. Zwiebel und Pancetta zugeben und unter Rühren 4 Minuten braten, bis die Zwiebel weich und der Pancetta etwas angebräunt ist. Zucchini und Basilikum hineingeben und 1 Minute sautieren. Die Tomaten zufügen und mit Salz und Pfeffer würzen. Einen Deckel auflegen und bei niedriger Temperatur unter gelegentlichem Rühren 10–15 Minuten garen, bis die Zucchini weich sind.

QUI SARDEGNA
PANE CARASAU

PIZZA VELOCE AL PANE CARASAU

SCHNELLE PIZZA MIT SARDISCHEM PANE CARASAU

Pane carasau, auch *Carta di Musica* genannt, ist ein knuspriges Fladenbrot, das sardische Schafhirten früher als Proviant mit in die Berge nahmen. Das beim italienischen Feinkosthändler erhältliche knusprige *pane* ist eine leichte Alternative zu Brot und eignet sich aufgrund seiner langen Haltbarkeit auch gut für die Vorratskammer.

Dieses schnelle, pizzaähnliche Rezept ist der perfekte Snack, wenn die Zeit knapp ist oder unverhofft Gäste vorbeischauen. Durch die Kartoffeln ist es recht sättigend, doch Sie können natürlich einfach Ihren Lieblingsbelag verwenden. Mit einer scharfen Küchenschere lässt sich diese Pizza besser zerteilen, da das knusprige Brot leicht bricht.

Zubereitungszeit: 20–25 Minuten (inkl. Vorbereitung)

Ergibt 2 große Pizzen

600 g Kartoffeln, geschält und
in dünne Scheiben geschnitten
Meersalz
1 rote Zwiebel, in feine Ringe geschnitten
1 Prise Oregano
100 g Kirschtomaten, geviertelt
natives Olivenöl extra,
plus etwas mehr zum Beträufeln
2 große *pane carasau* (erhältlich beim
italienischen Feinkosthändler)
100 g Mozzarella, grob gehackt

Den Backofen auf 180 °C (Umluft)/200 °C (Ober-/Unterhitze) vorheizen.

Die Kartoffelscheiben für 5–6 Minuten in einen Topf mit kochendem Salzwasser legen, bis sie gar sind, aber noch nicht zerfallen. Gut abseihen, ohne sie zu zerbrechen.

Die Zwiebelringe mit ein wenig Salz und Oregano in einer Schüssel vermengen. Separat davon die Tomaten mit etwas Salz und Olivenöl mischen.

Die beiden *pane carasau* auf jeweils ein Backblech geben und mit etwas Olivenöl beträufeln. Die Kartoffelscheiben darauflegen, dann die Zwiebelringe, den Mozzarella und die Tomaten. Abschließend nochmals ein wenig Öl darüberträufeln. 6–8 Minuten backen, bis der Käse geschmolzen ist. Sofort servieren.

PATATE AL PARMIGIANO E ROSMARINO

KARTOFFELN MIT PARMESANKRUSTE UND ROSMARIN

Bratkartoffeln mal anders zubereitet: Die Parmesan-Polenta-Mischung macht sie schön knusprig und der geröstete Rosmarin verleiht dem ganzen Gericht ein fantastisches Aroma. Schneller geht es, wenn Sie die Kartoffeln in noch kleinere Stückchen schneiden. Das Gericht passt hervorragend zu Steaks und Koteletts.

Zubereitungszeit: 30–35 Minuten

Für 4–6 Personen

1 kg Kartoffeln, geschält und
in kleine Stücke geschnitten
50 g geriebener Parmesan
100 g Instant-Polentagrieß
Meersalz und schwarzer Pfeffer aus der Mühle
2 EL natives Olivenöl extra,
plus etwas mehr zum Beträufeln
Nadeln von 2 Rosmarinzweigen

Den Backofen auf 200 °C (Umluft)/220 °C (Ober- und Unterhitze) vorheizen.

Die Kartoffeln für 5–6 Minuten in einen großen Topf mit kochendem Wasser geben.

Inzwischen Parmesan und Polentagrieß mit etwas Salz und Pfeffer in einer Schüssel vermengen und beiseitestellen.

Die Kartoffeln abseihen und nochmals 1 Minute leicht erhitzen, um überschüssige Flüssigkeit verdampfen zu lassen.

Das Olivenöl in einen Bräter gießen, die Kartoffeln zugeben und mehrfach wenden, bis sie mit dem Öl rundum gut bedeckt sind. Die Parmesanmischung zufügen und vermischen. Mit Rosmarin bestreuen und mit etwas Öl beträufeln.

25 Minuten backen, bis die Kartoffeln gar und goldbraun sind.

CAVOLFIORE AL FORNO

GEBACKENER BLUMENKOHL MIT ZITRONE, PAPRIKA UND LORBEER

Ich liebe Blumenkohl und bereite ihn auf unterschiedlichste Weise zu. In Italien wird er inzwischen gerne mit exotischen Gewürzen gebraten. Das folgende Rezept habe ich selbst entwickelt. Ich verwende dazu italienische Zutaten und ein wenig Paprikapulver. Wer es schärfer haben möchte, kann stattdessen auch Chiliflocken nehmen. Der schnell zubereitete Blumenkohl eignet sich bestens als Beilage zu Fleischgerichten. Oder Sie essen ihn so wie ich einfach als Hauptspeise!

Zubereitungszeit: 30 Minuten (inkl. Vorbereitung)

Für 4–6 Personen

500 g Blumenkohlröschen
2 Lorbeerblätter, fein gehackt
3 ganze Knoblauchzehen, zerdrückt
2 TL Räucherpaprikapulver (*pimentón*)
Meersalz
frisch gepresster Saft von 1 Zitrone
4 EL natives Olivenöl extra

Den Backofen auf 180 °C (Umluft)/200 °C (Ober- und Unterhitze) vorheizen.

Alle Zutaten in einer feuerfesten Form vermengen und 25 Minuten backen, bis der Blumenkohl gar ist.

AGRODOLCE DI VERDURE AL ZAFFERANO

AGRODOLCE-GEMÜSE AUS DER PFANNE MIT SAFRANAROMA

Der leicht süßsaure Geschmack von Essig und Zucker gibt diesem Gemüse das gewisse Etwas. Der Safran verleiht ihm zusätzlich etwas Farbe. Eine herrliche Beilage zu Grillfleisch, die aber auch als Hauptgericht exzellent schmeckt.

Zubereitungszeit: 25 Minuten (inkl. Vorbereitung)

Für 4 Personen

5 EL natives Olivenöl extra
2 ganze Knoblauchzehen, zerdrückt
1 große rote Zwiebel,
in feine Ringe geschnitten
120 g Staudensellerie, in Ringe geschnitten
300 g bunter Mangold, in Stücke geschnitten
250 g Speiserübe, geschält und gewürfelt
170 g langstieliger Brokkoli, geputzt
3 EL Weißweinessig
2 TL Zucker
1 Prise Safranfäden

2 EL Olivenöl bei niedriger Temperatur in einer kleinen Pfanne erhitzen. Knoblauch und Zwiebel zufügen und 7 Minuten leicht anschwitzen.

Inzwischen das restliche Olivenöl bei mittlerer bis hoher Temperatur in eine größere Pfanne geben. Darin Sellerie, Mangold, Speiserübe und Brokkoli unter Rühren 10 Minuten braten.

Weißweinessig, Zucker und Safran vermengen, über das Gemüse gießen und reduzieren lassen. Die Zwiebel (Knoblauch entfernen) ebenfalls in die Gemüsepfanne geben und abschließend 1 Minute darin durcherhitzen.

CAPPUCCIA POVERA AL FORNO

ARME-LEUTE-KOHLAUFLAUF

Dieses Rezept ist typisch für die Zeit der *cucina povera*, als sich arme Leute mit sehr wenigen und einfachen Zutaten begnügen mussten. Zu jeder Mahlzeit wurde Brot gereicht, damit alle satt wurden. Dieser nahrhafte Auflauf kann als Beilage zu Fleischspeisen serviert werden, schmeckt aber genauso gut als Hauptgericht.

Zubereitungszeit: 40 Minuten (inkl. Vorbereitung)

Für 2–4 Personen

1 Spitzkohl, grob in breite Streifen geschnitten
Meersalz
3 EL natives Olivenöl extra,
plus etwas mehr zum Beträufeln
1 ganze Knoblauchzehe
Paprikapulver
100 g Bauern- oder Sauerteigbrot,
grob gewürfelt
125 g Mozzarella, in Scheiben geschnitten

Den Backofen auf 180 °C (Umluft)/200 °C (Ober- und Unterhitze) vorheizen.

Den Kohl 7 Minuten in kochendem Salzwasser garen und dann abseihen (1 oder 2 Schöpflöffel Wasser auffangen).

Das Olivenöl bei mittlerer Temperatur in einer Pfanne erhitzen und den Knoblauch 1 Minute anschwitzen. Den Spitzkohl zufügen, mit etwas Salz und 1 Prise Paprikapulver würzen und unter Rühren 4 Minuten braten.

Kohl, Brotwürfel und Mozzarella in eine feuerfeste Auflaufform füllen, 1 Schöpflöffel Kochwasser darübergießen und mit etwas Olivenöl und Paprikapulver verfeinern.

In den Ofen geben und nach 25 Minuten die Grillfunktion auf höchste Stufe stellen, bis der Auflauf goldbraun ist. Nach 4 Minuten herausnehmen und sofort servieren.

TORTINO DI BIETOLE CON UOVA

FRÜHSTÜCK, MITTAG- UND ABENDESSEN!

Der deutsche Titel dieser Mangold-Eier-Törtchen mit Käse verdeutlicht, dass man dieses Gericht zu jeder Tageszeit genießen kann! Denn die Zubereitung geht ganz fix, sodass man sowohl ein nahrhaftes Frühstück als auch ein leichtes Abendessen erhält. Die cremige Mischung sollte aufgrund der würzigen Olivenpaste nicht zusätzlich gesalzen werden. Wer will, kann diese auch weglassen und das Röstbrot leicht mit Salz und Olivenöl verfeinern.

Zubereitungszeit: 20 Minuten (inkl. Vorbereitung)

Für 4 Personen

400 g bunter Mangold, gewaschen und geputzt
Meersalz
Butter zum Einfetten
kleines Glas schwarze Olivenpaste
4 Bio-Eier, vorsichtig getrennt
(das Eigelb sollte jeweils ganz bleiben)
100 ml Crème double
schwarzer Pfeffer aus der Mühle
40 g geriebener Parmesan
Sauerteigbrotscheiben zum Servieren

4 runde Terracotta-Förmchen mit 15 cm ø

Den Backofen auf 160 °C (Umluft)/180 °C (Ober- und Unterhitze) vorheizen.

Den Mangold in einem Topf mit Salzwasser 5 Minuten kochen.

Inzwischen die 4 Förmchen mit Butter einfetten und zum Aromatisieren den Boden mit ein wenig Olivenpaste bestreichen.

Eiweiße, Crème double, schwarzen Pfeffer und Parmesan zu einer cremigen Paste vermengen.

Den Mangold abseihen und auf die Förmchen verteilen. Damit alles gut hineinpasst, die Blätter überlappend auslegen. Die cremige Mischung darübergießen und 7 Minuten backen. Herausnehmen und vorsichtig ein Eigelb in jedes Schälchen füllen. Nochmals 2–3 Minuten in den Ofen geben, bis das Ei gar, aber noch weich ist.

Die Brotscheiben leicht toasten, mit etwas Olivenpaste bestreichen und mit dem gebackenen Mangold servieren.

LATTUGA RIPIENA

GEFÜLLTE ROMANAHERZEN

Der in Süditalien wachsende *escarole* – eine Salatart – wird häufig auf diese Weise zubereitet. Dieses Rezept stammt aus der Zeit der *cucina povera* (Bauernküche), als das Gemüse der Region mit lokal erhältlichen Zutaten gefüllt wurde, um eine nahrhafte Mahlzeit zu erhalten. Diese knackigen Salatherzen können Sie als Vorspeise, Beilage oder Hauptgericht servieren.

Zubereitungszeit: 20 Minuten

Für 2–4 Personen

1 EL natives Olivenöl extra,
plus etwas mehr zum Beträufeln
1 ganze Knoblauchzehe
½ frische rote Chilischote, fein gehackt
100 g Semmelbrösel
30 g Pinienkerne
60 g grüne und schwarze Oliven ohne Kern,
je nach Größe halbiert oder geviertelt
Salz und schwarzer Pfeffer aus der Mühle
2 möglichst große Romana-Salatherzen

Den Backofen auf 180 °C (Umluft)/200 °C (Ober- und Unterhitze) vorheizen.

Das Olivenöl bei niedriger bis mittlerer Temperatur in einer Pfanne erhitzen. Knoblauch und Chili darin 1 Minute braten und dabei nicht anbrennen lassen. Semmelbrösel und Pinienkerne zufügen und 3 Minuten sautieren, bis sie leicht angebräunt sind. Vom Herd nehmen, die Knoblauchzehe entfernen und die Oliven unterrühren. Mit ein wenig Salz und Pfeffer würzen.

Die Salatherzen vorsichtig auseinanderziehen, die Semmelbröselmischung in die Mitte einfüllen und zwischen die Blätter hineindrücken. Jeweils einen Salatkopf auf ein Stück Backpapier legen und rundum mit Olivenöl beträufeln. Dann jeden fest wie ein Bonbon in das Papier wickeln, auf ein Ofenblech geben und 8 Minuten backen.

Herausnehmen und die Päckchen vorsichtig öffnen. Die Salatherzen längs halbieren und sofort servieren.

FAGIOLINI IN UOVO AL SUCCO DI LIMONE

GRÜNE BOHNEN MIT EI UND ZITRONE

In Apulien habe ich einmal auf einem Bauernhof zugesehen, wie dieses Gericht zubereitet wurde – die grünen Bohnen kamen frisch aus dem Garten und die Eier stammten von den hofeigenen Hühnern. Ein simples Rezept mit außerordentlichem Aroma! Für dieses Buch habe ich meine Version davon kreiert. Obwohl die Bohnen meist als Fleischbeilage serviert werden, esse ich gerne eine ganze Schüssel voll mit ein paar Scheiben Bauernbrot.

Zubereitungszeit: 20 Minuten

Für 4 Personen

500 g grüne Bohnen, geputzt
1 gehäufter EL Butter
1 EL natives Olivenöl extra
Meersalz und schwarzer Pfeffer aus der Mühle
1 Bio-Ei, leicht verquirlt
frisch gepresster Saft von ½ Zitrone

Die Bohnen in kochendem Wasser 10–15 Minuten weich garen und dann abseihen.

Butter und Olivenöl bei hoher Temperatur in einer großen Pfanne erhitzen und die Bohnen zugeben. Mit Salz und Pfeffer würzen und 1 Minute braten. Auf mittlere Hitze reduzieren, dann unter Rühren Ei und Zitronensaft darübergießen und stocken lassen. Vom Herd nehmen und sofort servieren.

EINFACHE SAUCEN

Wenn man Fleisch-, Fisch- oder Gemüsegerichte, Pasta, Suppen und Salate mit Tomatensauce oder Pesto verfeinert, hat man im Handumdrehen ein köstliches italienisches Essen. In diesem Kapitel stelle ich meine beiden Lieblingssaucen vor, die Sie im Voraus zubereiten und aufbewahren oder aber, wenn es ganz schnell gehen muss, zu jedem von Ihnen gewünschten Essen servieren können.

SALSA AL POMODORO

EINFACHE TOMATENSAUCE

Obwohl es inzwischen viele hochwertige Tomatensaucen zu kaufen gibt, bereite ich meine immer noch gerne selbst zu. Dies ist das Rezept für meine simple Tomatensauce, die zu Pasta oder vielen anderen Gerichten passt. Wenn Sie gerade etwas Zeit haben, kochen Sie einfach gleich mehrere Portionen und frieren sie für später ein. Im Kühlschrank hält sie sich bis zu 3 Tage.

Zubereitungszeit: 25 Minuten (inkl. Vorbereitung)

Ergibt ca. 680 g

2 EL natives Olivenöl extra
½ Zwiebel, fein gehackt
2 Dosen (à 400 g) stückige Tomaten
Meersalz (nach Belieben)
1 Handvoll Basilikumblätter, grob zerpflückt

Das Olivenöl bei mittlerer Temperatur in einem Topf erhitzen, die Zwiebel zugeben und einige Minuten anschwitzen. Tomaten, etwas Wasser (ca. ½ Tomatendose), ein wenig Salz und Basilikum zufügen. Einen Deckel auflegen und bei niedriger bis mittlerer Hitze 20 Minuten köcheln lassen. Abschmecken und nach Belieben verwenden.

PESTO

BASILIKUMPESTO

Es ist immer praktisch, ein Glas Pesto im Kühlschrank zu haben: Sie können im Nu eine Mahlzeit zubereiten, indem Sie es mit Pasta oder Gnocchi vermengen oder Gemüsesuppen, Omeletts und Sandwiches damit verfeinern. Im Kühlschrank ist es etwa 1 Woche haltbar (stets mit einer Schicht Olivenöl obenauf und mit Klarsichtfolie abgedeckt) oder Sie frieren es ein. Ich bereite das Pesto auf ganz altmodische Art mit Mörser und Stößel zu, was nicht lange dauert und dem Ganzen etwas Biss gibt. Aber natürlich können Sie es auch ganz fix im Mixer pürieren.

Zubereitungszeit: 15 Minuten von Hand/5 Minuten im Mixer

Ergibt 4 Portionen für Pasta oder Gnocchi

2 EL Pinienkerne
1 Knoblauchzehe
½ TL grobes Meersalz
80 g frische Basilikumblätter (ohne Stängel)
200 ml natives Olivenöl extra
von guter Qualität
2 EL frisch geriebener Parmesan

Pinienkerne, Knoblauch und Meersalz im Mörser mit dem Stößel zerkleinern. Einige Basilikumblätter und etwas Olivenöl zugeben, ebenfalls zerstoßen und zerreiben. Weiter so verfahren, bis das ganze Basilikum und die Hälfte des Olivenöls aufgebraucht sind und ein glattes, seidig glänzendes Pesto entstanden ist. Das restliche Öl und den Parmesan zufügen und gut vermengen.

Oder alle Zutaten im Mixer zu einer Paste verarbeiten.

DESSERTS

Viele Leute planen eine Mahlzeit ganz ohne Dessert. Sie fürchten eine lange, komplizierte Zubereitung und entscheiden sich stattdessen für eine gekaufte Nachspeise. Köstliche und eindrucksvolle Desserts müssen jedoch nicht aufwendig sein – manchmal schmecken die einfachsten Dinge am besten!

Als Kind hatte ich eine Lieblingsnachspeise: frischer Ricotta, der mit ein wenig Zucker und Zimt vermengt und vielleicht noch mit Schokostreuseln und Trockenfrüchten verfeinert wurde. Der Frischkäse ist Bestandteil vieler italienischer Desserts, ob als Törtchen- und Kuchenfüllung oder in klassischem Gebäck wie den sizilianischen *cannoli* und *cassata*. In jüngster Zeit hat ihm aber der cremige Mascarpone, der für Tiramisu verwendet wird, den Rang abgelaufen.

Auch Obst war in Italien schon immer eine beliebte Nachspeise. In den meisten Familien kommt nach dem Essen eine Schale mit saisonalen Früchten auf den Tisch, aus der sich alle bedienen können. Sie stecken voller gesunder Vitamine und sind eine natürliche Zuckerquelle. Viele italienische Kuchen werden mit frischen Früchten zubereitet. Der klassische *macedonia di frutta* (Obstsalat) wird mit ein wenig frisch gepresstem Zitronen- oder Orangensaft beträufelt – als gesunder, leichter und erfrischender Abschluss einer jeden Mahlzeit.

Viel Spaß bei der Zubereitung meiner schnellen Nachspeisen, die alle kurz vor dem Servieren angerichtet werden können. Die meisten davon lassen sich auch etwas früher vorbereiten.

AMARETTI RIPIENI

GEFÜLLTE WEICHE AMARETTI

Weiche Amaretti (*amaretti morbidi*) sind kleine Kekse – nicht zu verwechseln mit den harten, knusprigen Amaretti. Sie werden aus gemahlenen Mandeln hergestellt und sind deshalb glutenfrei (sicherheitshalber auf der Packung nachlesen). Erhältlich sind sie im italienischen Feinkosthandel oder im Supermarkt. Mit einer cremigen Füllung wird daraus ein wunderbares, schnelles Dessert. Statt rohen Pistazien kann man auch Walnüsse, Chocolate Chips, kandierte Früchte oder eine Kombination aus allem nehmen.

Zubereitungszeit: 20 Minuten (inkl. Vorbereitung)

Ergibt 12–24 Stück (je nach Größe)

20 g rohe Pistazien
75 g Ricotta
75 g Mascarpone
15 g feinster Backzucker
3 TL Marsalawein,
plus etwas mehr zum Bestreichen
20–24 weiche Amaretti (Makronen)
ein wenig Puderzucker zum Bestäuben

Die Pistazien bei mittlerer bis hoher Temperatur in einer Pfanne einige Minuten ohne Fett rösten, bis sie leicht angebräunt sind. Herausnehmen und beiseitestellen.

Inzwischen Ricotta, Mascarpone, Zucker und Marsalawein in einer Schüssel verquirlen, bis die Mischung schön luftig ist. Die Pistazien fein hacken und unterrühren. Mit Klarsichtfolie abdecken und kalt stellen.

Die Amaretti mit einem scharfen Messer horizontal halbieren, die Krümel nicht wegwerfen. Jede Hälfte mit etwas Wein bestreichen. Die cremige Mischung aus dem Kühlschrank nehmen und die Amarettikrümel unterrühren. Jeweils einen Klecks auf die untere Hälfte der Kekse setzen und die andere obenauf legen. Auf einem Teller anrichten und zum Servieren mit Puderzucker bestreuen.

BUDINO AL CIOCCOLATO E LAMPONI

SCHOKOLADEN-HIMBEER-KÜCHLEIN

Diese schnellen, souffléartigen Schokoküchlein gehen kinderleicht. Psst! Verraten Sie das nur nicht Ihren Gästen, die beim Hineinbeißen glauben werden, dass Sie stundenlang in der Küche geschuftet haben! Sie lassen sich im Voraus zubereiten und müssen nur noch kurz vor dem Servieren 20–30 Sekunden in der Mikrowelle aufgewärmt werden. Unbedingt hochwertige Bio-Zartbitterschokolade und frische Himbeeren verwenden. Die Küchlein einfach direkt aus dem Förmchen oder der Tasse löffeln.

Zubereitungszeit: 25 Minuten

Für 4 Personen

65 g Butter, plus etwas mehr zum Einfetten
125 g Zartbitterschokolade, in Stücke gebrochen
3 Bio-Eier, getrennt (2 Eigelb zur sofortigen Verwendung, 1 Eigelb für später aufbewahren)
25 g feinster Backzucker
1 Prise Salz
100 g Himbeeren

Den Backofen auf 160 °C (Umluft)/180 °C (Ober- und Unterhitze) vorheizen. 4 Auflaufförmchen oder Cappuccinotassen leicht einfetten und auf einem Backblech beiseitestellen.

Schokoladenstücke und Butter im Wasserbad schmelzen. Die Schüssel sollte das leicht köchelnde Wasser nicht berühren.

Inzwischen 2 Eigelbe mit 1 gehäuften EL Zucker separat schaumig rühren.

Die 3 Eiweiße mit dem restlichen Zucker und 1 Prise Salz in einem dritten Gefäß steif schlagen.

Schokoladen- und Eigelbmischung vermengen und den Eischnee gründlich unterheben. Die Mischung halbhoch in die Auflaufförmchen/Tassen füllen, den Rest beiseitestellen. Vorsichtig jeweils 3–4 Himbeeren darauf platzieren und ein wenig eindrücken. Nun die übrige Schokocreme darübergießen, bis sie bedeckt sind. 6 Minuten backen. Dann herausnehmen und servieren.

SORBETTO DI FRUTTI DI BOSCO VELOCE

SCHNELLES BEEREN-SORBET

Dieses schnelle, unkomplizierte Sorbet wird aus einem TK-Beerenmix hergestellt, der in jedem Supermarkt erhältlich ist. Oder Sie frieren selbstangebaute oder -gepflückte Beeren ein – für ein gesundes Dessert ist es immer gut, etwas davon vorrätig zu haben. Meine Tochter Olivia findet das enorm praktisch und bereitet aus allen möglichen TK-Früchten Sorbets zu. Ich habe das Rezept durch einige Serviervorschläge ergänzt: Wählen Sie einfach Ihre Lieblingszutat aus oder essen Sie das Halbgefrorene pur.

Zubereitungszeit: 5 Minuten

Für 4–6 Personen

500 g TK-Beeren, gemischt
Saft von 1 Orange
100 g feinster Backzucker

Serviervorschläge:
Amaretti (Kekse), zerdrückt
Pavesini (italienische Löffelbiskuit)
frisches Obst, z. B. Kiwischeiben oder Mangostücke
Crème fraîche oder Crème double

Alle Zutaten im Mixer zu einer glatten Creme pürieren. Serviervorschlag auswählen oder durch gewünschte Zutat ergänzen und Sorbet sofort servieren.

CREMA DI MASCARPONE CON PERE E NOCI

MASCARPONE-MOUSSE MIT BIRNE UND WALNÜSSEN

Dies ist ein ganz simples, aber köstliches Dessert! Die *crema* schmeckt ziemlich üppig und passt bestens zu weichen, süßen Birnen und knackigen Walnüssen. Eine perfekte Nachspeise für Gäste, besonders wenn man die Mousse dekorativ in Glasschälchen oder Gläsern serviert.

Zubereitungszeit: 10 Minuten

Für 4–6 Personen

5 reife Birnen (Sorte Conference), geschält und entkernt
40 g Walnusshälften
250 g Mascarpone
250 g weicher Frischkäse
100 ml Crème double
25 g feinster Backzucker
flüssiger Honig zum Beträufeln

4 Birnen in Stückchen schneiden und auf 4–6 Schüsselchen oder Gläser verteilen. Die übrige in 4–6 Stücke schneiden und beiseitestellen.

Die Walnüsse grob zerkleinern, dabei 4–6 Hälften zur Dekoration beiseitelegen. Zu den Birnen in die Schüsselchen füllen.

Mascarpone, Frischkäse, Crème double und Zucker zu einer glatten Creme verrühren und auf die Walnüsse geben. Etwas flüssigen Honig darüberträufeln und mit den restlichen Birnen- und Nussstücken garnieren. Sofort servieren oder bis zur Verwendung kalt stellen.

MERINGA CON CREMA DI LIMONE E FRUTTI DI BOSCO

BAISERNESTER MIT ZITRONENCREME UND BEEREN

Baisernester sind fast überall erhältlich und meist lange haltbar – eine tolle Idee für die Vorratskammer. Sie passen wunderbar zu dieser im Handumdrehen zubereiteten Creme mit Zitronenaroma. Wenn die Zeit drängt, können Sie die heiße Creme auch sofort auf die Nester löffeln, ohne sie abkühlen zu lassen. Die Baisers schmecken nicht nur köstlich, sondern sehen auch noch sehr hübsch aus.

Zubereitungszeit: 35–40 Minuten (inkl. Abkühlzeit)

Ergibt 6 Nester

250 ml Vollmilch
5 cm langes Stück Bio-Zitronenschale
1 EL Limoncello-Likör
3 Bio-Eigelb
50 g feinster Backzucker
30 g Weizenmehl, gesiebt
frische Beerenmischung:
Erd-, Him-, Blau- und Brombeeren
6 fertige Baisernester

Milch, Zitronenschale und Limoncello bei niedriger Temperatur in einem kleinen Topf erhitzen, aber nicht kochen.

Inzwischen Eigelbe und Zucker in einer großen Schüssel schaumig rühren. Mehl zugeben und unterheben.

Die Milch nach und nach unter ständigem Quirlen zur Eimischung gießen. Diese anschließend zurück in den Topf füllen und bei niedriger bis mittlerer Temperatur erhitzen. Gut umrühren, bis die Creme andickt. In ein kaltes Gefäß geben, die Zitronenzeste herausnehmen und alles 15 Minuten abkühlen lassen.

Die Erdbeeren halbieren. Baisernester auf einem großen Servierteller oder auf einer Platte anrichten. Zitronencreme mithilfe eines Spritzbeutels auf die Nester auftragen – oder einfach mit dem Löffel verteilen. Mit der Beerenmischung krönen und servieren.

PESCHE AL PASSITO CON MASCARPONE

PASSITO-PFIRSICHE MIT MASCARPONE

Für dieses Dessert nehmen Sie die herrlich süßen Pfirsiche des Frühsommers. Warm schmecken sie besonders köstlich: Die Nachspeise lässt sich gut vorbereiten, sodass Sie das Steinobst erst kurz vor dem Servieren im *Passito* aufwärmen müssen. Die Mascarponecreme passt hervorragend dazu, aber natürlich können Sie auch ein gutes Vanilleeis dazu reichen. *Passito di Pantelleria* ist ein exquisiter Dessertwein, der von der sizilianischen Insel Pantelleria stammt. Als Alternative bieten sich Vin Santo, Marsala oder eine ähnliche Sorte an.

Zubereitungszeit: 20–25 Minuten (inkl. Vorbereitung)

Für 4–6 Personen

6 EL *Passito di Pantelleria* oder süßer Dessertwein
2 EL frisch gepresster Orangensaft
40 g brauner Vollrohrzucker (z. B. Muscovadozucker)
4 Pfirsiche
150 g Mascarpone
20 g Puderzucker, gesiebt

5 EL *Passito* mit Orangensaft und Vollrohrzucker vermengen und beiseitestellen.

Die Pfirsiche 30 Sekunden in kochendes Wasser tauchen. Mit dem Schaumlöffel herausheben und sofort in eiskaltes Wasser geben. Sobald sie abgekühlt sind, mit einem kleinen scharfen Messer die Haut entfernen und jeden Pfirsich in 8 Spalten schneiden. Diese in die *Passito*-Mischung legen und 10 Minuten durchziehen lassen.

Inzwischen Mascarpone, Puderzucker und restlichen *Passito* verrühren.

Die eingelegten Pfirsichspalten mit der *Passito*-Mischung in einem kleinen Topf 5 Minuten bei mittlerer Temperatur köcheln lassen. Die Früchte vorsichtig herausheben und auf 4–6 Dessertschalen oder Gläser verteilen. Die Weinmischung bei hoher Hitze einige Minuten reduzieren lassen.

Die Pfirsiche mit einem Klecks Mascarponecreme krönen, mit dem reduzierten *Passito* beträufeln und sofort servieren.

GIRANDOLE ALLA CANNELLA

BLÄTTERTEIGSCHNECKEN MIT ZIMT

Diese schnellen Teilchen lassen sich bestens vorbereiten und in einem luftdichten Behälter aufbewahren. Auf der Kaffeetafel machen sie sich ausgesprochen gut. Ein Tipp: Kaufen Sie fertigen Blätterteig aus dem Kühlregal, dann sparen Sie sich das Ausrollen. Statt gemahlenem Zimt können Sie auch eine Gewürzmischung nehmen.

Zubereitungszeit: 30 Minuten

Ergibt ca. 15 Stück

130 g brauner Vollrohrzucker
(z. B. Muscovadozucker)
3 TL gemahlener Zimt
325 g fertiger Blätterteig
1 Bio-Eiweiß, leicht verquirlt

Den Backofen auf 170 °C (Umluft)/190 °C (Ober- und Unterhitze) vorheizen. Ein Backblech mit Backpapier belegen.

Zucker und Zimt in einer Schüssel vermengen.

Den Blätterteig aufrollen und mit ¾ der Zuckermischung gleichmäßig bestreuen. Den Teig von der Längsseite aus zusammenrollen, mit dem Eiweiß bestreichen und den restlichen Zimtzucker darübergeben. Die Rolle in 2 cm breite Schnecken schneiden. Auf das Backblech legen und 20 Minuten backen, bis sie goldfarben sind.

MACEDONIA DI AGRUMI CON YOGURT SPEZIATO

ZITRUSFRUCHTSALAT MIT ZIMTJOGHURT

Ein gesundes Dessert mit reichlich Vitamin C! Servieren Sie das Obst in einer großen Schüssel, sodass sich jeder selbst bedienen kann. Oder verteilen Sie es auf mehrere kleine Schüsselchen, gekrönt mit ein wenig Zimtjoghurt. Für ein intensiveres Aroma einfach ein wenig mehr Zimt verwenden.

Zubereitungszeit: 15 Minuten (inkl. Vorbereitung)

Für 4–6 Personen

1 gelbe Grapefruit
1 rosa Grapefruit
2 Orangen
Saft und Abrieb von 1 Bio-Limette
ein wenig Ingwer, frisch gerieben
1 EL flüssiger Honig
200 g Naturjoghurt
1 Prise gemahlener Zimt
Minzeblätter zum Garnieren

Zitrusfrüchte schälen und die weiße Haut jeweils gründlich entfernen. In Spalten zerteilen und in eine Schüssel geben. Limettensaft, Ingwer und Honig vermengen, über das Obst gießen und beiseitestellen.

Joghurt und Zimt vermischen. Früchte auf 4–6 Schüsselchen verteilen und mit einem Klecks Joghurt krönen. Zum Servieren mit Limettenabrieb und Minzeblättern garnieren.

TORTA AL TIRAMISU

TIRAMISUTORTE

Dies ist eine Variante des beliebten italienischen Desserts. Aus dem Biskuitboden *pan di Spagna* werden oft unsere Festtagskuchen zubereitet. Hier wird er mit Espresso beträufelt und mit Mascarponecreme gefüllt. Sie können die Torte als Nachspeise oder nachmittags zur Kaffeetafel reichen. Falls Sie das Dessert vorbereiten wollen, sollten Sie es bis zum Servieren im Kühlschrank aufbewahren.

Zubereitungszeit: 35–40 Minuten

Für den Biskuitboden ***pan di Spagna*****:**
Butter zum Einfetten der Backformen
3 Bio-Eier
90 g feinster Backzucker
90 g Weizenmehl, gesiebt
1 Prise Salz
Mark von 1 Vanilleschote, alternativ ½ TL gemahlene Vanille

Für den Kaffee:
150 ml Espresso
1 EL feinster Backzucker
1 EL Marsalawein, *Passito* (italienischer Strohwein) oder eine ähnliche Sorte

Für die Creme:
250 g Mascarpone
40 g feinster Backzucker
2 Bio-Eigelb
125 ml Crème double
2 EL Marsalawein oder eine ähnliche Sorte

20 g Zartbitterschokolade, gerieben, zum Dekorieren

2 Kuchenformen à 19 cm ø

Den Backofen auf 160 °C (Umluft)/180 °C (Ober- und Unterhitze) vorheizen. Die Kuchenformen einfetten und mit Backpapier (oder Papierförmchen) auslegen.

Espresso kochen und beiseitestellen.

Für den Biskuitteig Eier und Zucker in einer großen Schüssel 5 Minuten schaumig rühren, bis sich der Zucker aufgelöst hat (damit es schneller geht, ein klein wenig heißes Wasser zugeben). Mehl, Salz und Vanille zufügen und vermengen. Den Teig gleichmäßig in die Formen gießen und 17–20 Minuten backen. Zur Garprobe die Kuchen mit einem Zahnstocher einstechen. Er ist fertig, wenn kein Teig mehr daran haftet. Zum Abkühlen in der Form lassen.

Inzwischen Espresso, Zucker und Marsala vermengen.

Für die Creme Mascarpone, Zucker, Eigelbe und Crème double in einer Schüssel verquirlen. Den Marsalawein erst kurz vor dem Zusammensetzen der Torte zugießen, damit die Creme nicht gerinnt.

Die noch leicht warmen Kuchen aus der Form nehmen. Das Papier entfernen und mit einem Backpinsel die Espressomischung auf beide Seiten der Biskuitböden auftragen. 5 Minuten einziehen lassen. Einen der Böden mit der Hälfte der Cremem ischung bestreichen und mit ein wenig geriebener Schokolade bestreuen. Dann den anderen obenauf legen. Die restliche Creme darauf verteilen und mit der übrigen Schokolade krönen.

TIRAMISU ALLE FRAGOLE DI ADRIANA

ADRIANAS ERDBEERTIRAMISU

Für Familienfeste bereitet meine Schwester oft dieses sommerliche Tiramisu zu: Es ist genau das Richtige für Kinder, da es keinen Kaffee enthält und auch der Alkohol weggelassen werden kann. Dafür steckt dieses Dessert voller gesunder Früchte. Sie können es sofort servieren oder aber im Voraus zubereiten und im Kühlschrank aufbewahren.

Zubereitungszeit: 25–30 Minuten (inkl. Vorbereitung)

Für 6 Personen

700 g Erdbeeren, Strunk entfernt
Saft und Abrieb von 1 Bio-Zitrone
1 EL Limoncello-Likör (nach Belieben)
4 EL feinster Backzucker,
plus 80 g für die Cremefüllung
4 Bio-Eigelb
200 g Mascarpone
250 ml Crème double
300 g Löffelbiskuit (*Savoiardi*)
100 g Beerenmischung
frische Minzeblätter (nach Belieben)

500 g Erdbeeren in grobe Stücke schneiden und mit Zitronensaft, Limoncello und 4 EL Zucker vermengen. Mit Klarsichtfolie abdecken und im Kühlschrank aufbewahren.

Für die Cremefüllung Eigelbe und 80 g Zucker schaumig schlagen. Mascarpone zugeben und weiter verquirlen, bis eine homogene Masse entsteht. Die Crème double zufügen und mit einem Löffel gut vermischen. Ebenfalls im Kühlschrank aufbewahren.

Die eingelegten Erdbeeren mit dem Mixer zu einer glatten Sauce pürieren.

Ein wenig Crememischung in eine tiefe Servierschale füllen. Die Löffelbiskuits in die Erdbeersauce tauchen und auf der Masse verteilen. Wieder Creme auf die Biskuits geben und die bisherigen Schritte wiederholen, bis alle Zutaten aufgebraucht sind. Mit einer Cremeschicht abschließen. Die restlichen ganzen Erdbeeren, den Beerenmix und einige Minzeblätter obenauf legen. Entweder sofort servieren oder bis zur Verwendung kalt stellen.

The
MARAUDER
MAP

REGISTER

HINWEISE

- Löffelmaßangaben: Falls nicht anders angeführt, sind stets gestrichene Löffel gemeint. EL und TL sind Abkürzungen für Esslöffel und Teelöffel.
- Zitrusfrüchte: Bei der Verwendung ihrer Schalen auf Bio-Früchte zurückgreifen und diese zuvor heiß waschen. Zitrussaft sollte immer frisch gepresst sein.
- Hygiene: Achten Sie bei der Zubereitung von rohem Fleisch auf peinliche Hygiene. Waschen Sie benutzte Schneidebretter, Messer, Arbeitsflächen und Ihre Hände nach Gebrauch sorgfältig heiß ab. Fleisch und Gemüse nie auf demselben Schneidebrett verarbeiten.
- Fleisch sollte vor der Zubereitung immer trocken getupft werden.
- Obst und Gemüse vor der Verarbeitung immer waschen, putzen oder bei Bedarf schälen.

MEIN DANK GEHT AN

Liz Przybylski für das Verfassen der Rezept- und Kapiteleinleitungen, an Adriana Contaldo für das Testen der Rezepte und das Kochen zum Fotoshooting, an Kim Lightbody für die wunderschönen Fotos, an Becci Woods für das herrliche Food Styling, an Alexander Breeze für die Auswahl der Requisiten, an Emily Preece-Morrison für die Redaktion, an Stephanie Milner für all ihre Hilfe, an Laura Russell für das tolle Layout, an Laura Brodie für die grandiose Herstellung, an Komal Patel für das Marketing, an Polly Powell für die Herausgabe des Buchs und an Luigi Bonomi für die Umsetzung.